LE COMMERCE CONNECTÉ

Comment le digital révolutionne le point de vente

Groupe Eyrolles
61, bd Saint-Germain
75240 Paris Cedex 05
www.editions-eyrolles.com

Chez le même éditeur :

Mélanie Hossler, Olivier Murat, Alexandre Jouanne,
Faire du marketing sur les réseaux sociaux

Serge Michels, *Le Marketing de la peur*

François Scheid, Enora Castagné, Mathieu Daix, Romain Saillet,
Les fiches outils des réseaux sociaux

François Scheid, *Le Marketing digital*

© Groupe Eyrolles, 2015
ISBN : 978-2-212-56073-2

Vincent DRUGUET
Jean-Baptiste VALLET

LE COMMERCE CONNECTÉ

Comment le digital révolutionne le point de vente

EYROLLES

Sommaire

Remerciements

Nous tenons à remercier particulièrement notre éditrice Élodie Bourdon ainsi que les équipes des éditions Eyrolles.

Nous remercions aussi les équipes de l'agence DigitasLBi, source d'idées et de créativité, notamment Yvan Saule et Julien Terraz.

Christophe de Rolland (distribution), Boi Dinh On (offre), Josiane Jimenez (merchandising), Mickael Lecomte (supply chain), Elizabeth Loriol et Myriam Radiguet (vente), Aurélien Freret (RH), Franck Franchin (Sécurisation & SI) et Carina Roels (réseau), maître Léopold Lemiale (droit immobilier), maître Aude Baratte (droit de la distribution) et maître Sadry Porlon (droit de l'Internet) pour leurs relectures et contributions attentives.

Nous remercions enfin nos clients pour leur confiance et parce qu'ils sont les moteurs de notre réflexion.

Alice Elia, Anne-Laure, Rafaela et Valentina Druguet pour leur soutien de tous les instants.

Introduction

À l'origine de la distribution

L'échange est le cœur du commerce, et le magasin a toujours été envisagé comme le lieu facilitant les contacts humains et le négoce de biens. Sous forme d'échoppes, dans des marchés, des foires.

La première révolution industrielle avec l'émergence de la vapeur a raccourci les distances, accélérant de fait le partage d'informations et la connaissance de biens produits dans des régions autrefois inaccessibles. Dans cette nouvelle configuration, le producteur n'est plus forcément le distributeur, nécessitant une nouvelle organisation pour écouler les produits.

La distribution va donc être pensée pour s'adapter à cette nouvelle réalité.

Tout d'abord, des coopératives se forment. En Angleterre, la Fenwick Weavers Society regroupe, dès 1761, différents villages pour acheter du blé à bas prix qu'ils pourront revendre à leurs concitoyens au meilleur prix.

Toujours en Angleterre, des commerçants londoniens conceptualisent le show-room, cet espace embelli pour valoriser le produit et susciter l'envie du consommateur : chez Josiah Redgwood par exemple, où, dès 1774, des candélabres illuminent des vaisselles précieuses dans une devanture fastueuse.

C'est encore le bazar, ancêtre du grand magasin, qui apparaît en 1816 à Soho, toujours à Londres, où 200 comptoirs sont loués à la journée pour que des costumières vendent leur production.

La technologie transforme l'économie de la distribution, qui elle-même invente de nouveaux concepts pour toucher l'acheteur. C'est donc historiquement bien le distributeur qui fait une proposition de valeur à l'acheteur, et non l'acheteur qui suscite la transformation de la distribution.

Quoi qu'il en soit, les premières évolutions du modèle de distribution vont s'accélérer à mesure que la vapeur cède la place à l'électricité.

La fée électricité hystérise les envies et décuple les besoins.

Outre-Atlantique, à New York, Alexander Stewart, bientôt suivi par RH Macy, va construire des bateaux qui flottent sur les larges avenues de Manhattan, entièrement dédiés à la consommation. On les appelle « grands magasins», department stores. Moins de cinq ans plus tard, Le Bon Marché s'implantera rue de Sèvres à Paris pour le plus grand bonheur des dames.

Les principes de ces grands magasins sont novateurs : ils sont libres d'entrée, des produits à la qualité garantie sont exposés à la vue de la clientèle et affichent un prix de vente, dans un environnement décoré de mille feux pour pousser à la vente.

Le magasin devient un écrin qui doit susciter le désir du consommateur et l'amener à assouvir son besoin : «C'était, à travers les glaces pâlies d'une buée, un pullulement vague de clartés, tout un intérieur confus d'usine. Derrière le rideau de pluie qui tombait, cette apparition reculée, brouillée, prenait l'apparence d'une chambre de chauffe géante, où l'on voyait passer les ombres noires des chauffeurs, sur le feu rouge des chaudières. Les vitrines se noyaient, on ne distinguait plus, en face, que la neige des dentelles, dont les verres dépolis d'une rampe de gaz avivaient le blanc ; et, sur ce fond de chapelle, les confections s'enlevaient en vigueur, le grand manteau de velours, garni de renard argenté, mettait le profil d'une femme sans tête, qui courait par l'averse à quelque fête, dans l'inconnu des ténèbres de Paris» (*Au bonheur des dames*, Émile Zola).

1848 : Marble Dry Goods Palace à New York ; 1849 : Harrods à Londres ; 1852 : Le Bon Marché à Paris ; bientôt Macys et le Crystal Palace (1858)...

Et pour tous ceux qui ne peuvent venir à la grande ville, il faut bien inventer quelque chose.

Ce sera d'un côté le succursalisme pour les petites villes de province, de l'autre la vente par correspondance.

La vente par correspondance d'abord, inventée par Montgomery Ward aux États-Unis, mais surtout reprise par The Sears, Roebuck and Co en 1894, correspond à l'édition de catalogues de produits adressés aux consommateurs. Le grand magasin devient donc disponible à domicile. La commande se fait par écrit, et les produits choisis sont livrés à domicile.

Le succursalisme ensuite, issu de l'esprit de Frank Woolworth, qui, en 1879, considère que les gens aiment toucher ce qu'ils achètent et achètent ce qu'ils touchent. Dès lors, pourquoi ne pas mettre dans les villes américaines des comptoirs librement accessibles, et vendre des articles à prix uniques achetés directement auprès de fabricants (donc en outrepassant le grossiste). C'est comme cela que s'implantent à partir de 1909, aux États-Unis d'abord, en Angleterre ensuite, les magasins Woolworth. Leurs cousins français, Monoprix et Prisunic, se développeront au début des années 1930 en France.

Du succursalisme naîtra le supermarché. C'est un certain Clarence Saunders qui fonde le 6 septembre 1916, au 79, Jefferson Avenue à Memphis, Tennessee, un concept nouveau baptisé Piggy Wibbly. Les clients pénètrent dans cette grande épicerie par un tourniquet et marchent à travers quatre allées distinctes – organisées par lignes de produits, où sont disposés un total de 605 articles vendus en paquets – jusqu'aux caisses.

Saunders inventera un certain nombre de services qui seront à la base du succès des supermarchés: des chariots à la disposition des clients, des étiquettes de prix sous chaque produit, la mise en avant de marques à l'échelon national, l'utilisation de présentoirs réfrigérés, l'emplacement unique des produits, des normes d'hygiène identiques pour l'ensemble des magasins...

Le succès de Piggly Wiggly fut si phénoménal, qu'il fit des émules. Progressivement, au cours des années 1920 et 1930, les épiceries locales des petites villes américaines se transforment en supermarchés. Ce sera bientôt le cas en France...

La France des structures commerciales désuètes

En 1950, l'appareil de distribution français est figé dans des structures traditionnelles où des milliers d'unités dispersées maillent le territoire. Ainsi, pour le seul domaine de l'alimentation, la France compte 375 850 magasins, principalement situés dans les petits villages.

À cette époque, les circuits commerciaux ne sont pas encore structurés: ces centaines de milliers de détaillants doivent donc négocier avec un très grand nombre d'intermédiaires.

Si ce petit commerce dispersé reste hégémonique dans la France de l'immédiat après-guerre, un commerce concentré a néanmoins émergé dans les grandes villes de manière hétérogène.

Il y a les grands magasins implantés en particulier dans les grands centres-ville (Grandes Galeries).

Il y a aussi les magasins populaires (Monoprix, Prisunic, Uniprix) fondés par les sociétés de grands magasins après 1930 pour élargir leur activité et toucher au quotidien la population urbaine ouvrière.

Il y a enfin le succursalisme français. Né à l'aube du xxᵉ siècle, ce commerce va connaître un nouveau souffle après 1950 grâce à ses spécificités : un entrepôt unique qui permet de centraliser les livraisons et les ventes, et donc de contrôler les flux, des prix de vente uniformes dans toutes les succursales, une volonté de comprimer les frais généraux, obtenus par la suppression de la vente à crédit et par l'intégration des opérations de gros et de détail, et la recherche d'un service rendu au client.

Particulièrement implantées dans les grands villages (1 500 à 5 000 habitants), ces succursales sont groupées autour d'un organisme central qui effectue les achats et tient la comptabilité.

En parallèle de ce succursalisme se développent, particulièrement dans l'est de la France, les coopératives de consommation. Avec plus de 7 500 points de vente en 1950, ces coopératives contrôlent notamment des usines agroalimentaires et développent leur propre marque (la marque Coop).

Enfin, des commerçants indépendants ont formé des groupements d'achats en commun afin de mieux négocier avec les grossistes. Parmi eux, Codec, Una, Unico et Leclerc. En 1955, la France compte 369 groupements d'achats qui regroupent 54 000 adhérents.

Influence américaine sur le commerce français

Après guerre, les liens politiques et financiers tissés entre Français et Américains vont amener l'État français à engager une réforme des modes de distribution afin d'encourager une consommation de masse et de favoriser l'émergence d'entrepreneurs qui veulent renouveler la manière de faire du commerce.

La promotion de ce nouveau commerce ne va pas se faire sans heurts : aussi bien les défenseurs du petit commerce – le politicien populiste Pierre Poujade en tête – que les tenants de l'entreprise – la CGPME – vont peser de tout leur poids pour freiner la réforme des circuits commerciaux.

▶ POUR EN SAVOIR PLUS – Guerre petit commerce/ supermarchés des années 1960 : www.ina.fr/video/CAF86015097/ petits-commerces-et-grandes-surfaces-video.html

Qu'importent les obstacles chroniques, la révolution commerciale est en marche. Le mode de vie des Français se transforme à la vitesse de l'éclair vers le tout-consommation. Progrès de l'urbanisation (de 52 % en 1946 à 68 % en 1962), salarisation de la population active, élévation du PIB, progression des taux d'équipements ménagers et automobiles : tout concourt à l'accroissement de la consommation, qui, de fait, croît : en moyenne 5 % par an au cours des années 1950.

C'est dans ce contexte que les méthodes de vente américaines vont se diffuser, notamment le libre-service et le supermarché.

Leur arrivée en France est la conséquence directe de voyages menés outre-Atlantique par les grands patrons français de la distribution, relayés par l'apparition d'une presse spécialisée (*LSA, Techniques marchandes modernes...*) et de salons professionnels naissants.

La modernisation est en marche

La première innovation date de 1948. Cette nouvelle formule s'appelle le « libre-service ». Elle est portée par M. Goulet Turpin, et son principe est simple : laisser le client se servir lui-même. Ce qui suppose la présence de paniers fournis par l'enseigne pour aider le client à circuler dans le magasin avec ses produits, généralement conditionnés, des affichages de prix très visibles, très peu ou pas d'intervention d'un vendeur et un parcours de vente qui aboutit aux caisses.

Les avantages de cette formule sont nombreux :
- le commerçant vend plus de produits à toujours plus de clients ;
- tout en réduisant ses frais de personnels ;
- et en comprimant ses frais d'installation.

Ces éléments vont évoluer au fil du temps pour aboutir à la naissance du supermarché, qui sera un libre-service « plus grand » (de 400 à 2 500 m²), avant tout alimentaire.

▶ POUR EN SAVOIR PLUS – Ouverture du Carrefour « libre-service » de Villeurbanne : www.ina.fr/video/ LXF99004171

Parallèlement, l'innovation «discount» va voir le jour, notamment portée par Édouard Leclerc qui ouvre en 1949 à Landerneau son premier «centre distributeur»: un entrepôt de 16 m² sans rayons ni comptoirs, juste des cartons de produits empilés les uns sur les autres.

Leclerc ne vend alors qu'un produit, des biscuits, mais obtient auprès de son fournisseur une réduction du prix à l'achat telle, qu'il est 30 % moins cher que la concurrence à la vente. La recette de la vente au prix de gros est facilement identifiable: faire du producteur un fournisseur en réduisant au passage les circuits de distribution, vendre à marge réduite sur un choix restreint de produits, et traquer les frais généraux.

Le succès de Leclerc ne va pas laisser les commerçants indifférents. Certains vont se battre farouchement contre son «contrat moral» (la garantie du bas prix), d'autres vont adopter sa technique, d'autres encore, comme Roger Berthier, vont engager une lutte fratricide du prix bas.

Ainsi, à Grenoble, au tout début des années 1960, la guerre des prix Leclerc-Berthier va impacter lourdement le chiffre d'affaires des petits commerçants isérois et modifier profondément le tissu commerçant de la ville. Là où Leclerc s'implante, le petit commerce trépasse.

En s'étendant hors de son Landerneau natal, la formule des centres Leclerc trouve son public: les classes moyennes. Celles-là mêmes qui ont besoin de réduire leurs dépenses d'alimentation pour pouvoir investir sur des biens durables, notamment l'électroménager. Leclerc aide le pouvoir d'achat et rafle la mise.

La révolution hyper

Le concept de supermarché s'est développé en France au cours des années 1960.

Ainsi, en 1964, *LSA* compte 160 nouvelles ouvertures sur l'année. Tandis que les consommateurs se familiarisent toujours plus avec ces nouveaux modes de distribution, les industriels peaufinent leurs formules. Parmi eux, Marcel Fournier, le gérant des magasins Fournier, à Annecy.

L'histoire raconte que, lors d'un voyage aux États-Unis en 1948, il découvre le concept de «supermarket», ces grandes surfaces en libre-service situées à la périphérie des grandes villes et dotées d'un parking. Dès lors, il adoptera les conceptions commerciales américaines: «Les centres des villes sont à l'agonie, le commerce se fait à la périphérie des agglomérations»; «*No parking no business*»; «Empilez haut et vendez à prix bas»; «Les pauvres ont besoin de prix bas et les riches adorent les prix bas»...

L'histoire raconte aussi que ce n'est qu'après une rencontre avec des grossistes de produits alimentaires de l'Ain, les frères Defforey, que Marcel Fournier va véritablement sauter le pas et créer avec ses nouveaux associés le premier supermarché Carrefour. Concurrence de Leclerc oblige, un premier supermarché temporaire de 160 m^2 est aménagé au sous-sol du magasin Fournier. Le succès est tel qu'il faut envisager un espace de vente plus vaste. Quelques semaines plus tard, le 3 juin 1960, c'est l'ouverture du supermarché Carrefour de Parmelan (850 m^2) qui propose un large assortiment de produits alimentaires et non alimentaires (4 200 articles) à prix discount. Un parking a été aménagé, une campagne de publicité accompagne le lancement du point de vente, des cadeaux et autres offres préférentielles sont promis aux 5 000 premiers clients... Là encore, c'est un succès! En trois semaines, Carrefour réalise le chiffre d'affaires annuel d'un épicier traditionnel. Le parking doit être agrandi dans l'urgence pour faire face à l'afflux de clientèle, passant de 20 à 120 places.

Succès oblige, les fondateurs de Carrefour vont améliorer leur formule. Jusqu'au 6 avril 1963, où une idée fondatrice va transformer le supermarché. Alors que le gouvernement refuse de diminuer le prix de l'essence, Fournier et Defforey ouvrent une station essence sur leur parking. Proposée à prix sacrifiés, l'essence sans marque joue le rôle d'un produit d'appel, 5 centimes moins cher que les distributeurs traditionnels. Elle appâte le consommateur vers le magasin.

Carrefour grandit. Un nouveau magasin à Annecy, puis le projet d'un très grand supermarché. Un supermarché aux dimensions américaines: avec un très grand parking, qui contiendra un maximum de références à prix discount et un emplacement situé en périphérie.

Le premier hypermarché Carrefour ouvre le 15 juin 1963 à Sainte-Geneviève-des-Bois, dans l'Essonne: 2 500 m^2 de surface de vente, 3 500 produits alimentaires, 15 000 non alimentaires, 18 caisses de sortie dont 13 à tapis roulant, ouverture de 10 heures à 22 heures, présence d'un snack, parking monumental, station essence.

La première journée d'ouverture est un triomphe commercial: 146 000 francs de chiffre d'affaires pour 5 200 clients acheteurs. Un panier moyen de 28 francs, soit trois fois plus qu'un panier de supermarché classique.

La démesure est partout et ressentie comme telle par le consommateur. Mais elle pose aussi des problèmes : ruptures de stocks, nécessitant des réassorts continus au long de la journée, problèmes de flux, amenant la direction du supermarché à fermer les portes du magasin pour gérer les entrées et sorties, embouteillages sur le parking créés par l'afflux autour de la station essence, personnels harcelés, en nombre insuffisant pour réapprovisionner en flux tendus les rayons, mauvaise organisation du travail, manque d'outils pour disposer les produits sur les rayonnages...

La gestion opérationnelle du magasin va mettre du temps pour se roder. Le parking est agrandi, la station-service déplacée, la surface de vente augmentée, de nouveaux outils sont achetés (cabas, chariots...).

La phase d'apprentissage passée, le constat est là : Carrefour a inventé un modèle. *LSA* l'appellera « hypermarché » et le définira ainsi : « Une grande unité de vente au détail présentant un très large assortiment en alimentation et marchandises générales ; surface de vente supérieure à 2 500 m² ; vente en libre-service et paiement en une seule opération à des caisses de sortie ; parking de grandes dimensions mis à la disposition de la clientèle. »

Un modèle profitable car :

- les frais généraux sont comprimés : méthodes rationnelles de stockage et de manutention, sobriété du magasinage, etc. ;
- les stocks tournent rapidement (15 fois par an contre 8 chez les succursalistes) ;
- les rapports avec les fournisseurs sur le long terme permettent d'obtenir des prix avantageux ;
- les délais de paiement négociés avec les fournisseurs génèrent une trésorerie abondante : les produits sont d'abord vendus aux consommateurs avant d'être payés aux fournisseurs ;
- les responsabilités sont décentralisées et le pilotage financier est localisé.

De nouveaux hypermarchés vont pouvoir être construits pour accompagner l'ère de la consommation de masse.

Comme l'écrit *Le Monde* fin juin 1963 : « Pour la première fois, le commerçant ne va plus vers son client. C'est le client qui est supposé venir à lui. »

La formule initiale de l'établissement géant isolé va très vite muer. Le consommateur veut du choix, on va lui en donner. Ainsi, dès la fin des années 1960, l'hypermarché s'entoure de galeries marchandes. L'hypermarché va être le point de développement du centre commercial. Mammouth sera le pionnier de cette nouvelle tendance dès 1967, bientôt suivi par Euromarché et Carrefour. L'hypermarché ne va plus pouvoir exister sans son environnement immédiat, la galerie marchande, qui regroupe des grandes surfaces spécialisées, des boutiques et des espaces récréatifs.

Le groupe Auchan va se créer autour de ce nouveau paradigme. L'hyper Auchan est le centre d'attraction de zones commerciales en périphérie des villes ; zones contrôlées par le groupe Mulliez, actionnaire d'Auchan, et constituées en grande partie de nouvelles enseignes spécialisées détenues par ce même groupe.

De la consommation de masse aux discounters

Le développement des hypermarchés va dynamiser la consommation de masse. Les ménages français découvrent le choix et l'abondance, en veulent toujours plus. Leur structure de consommation change : moins d'agroalimentaire et d'habillement garnissent les paniers pour plus de besoins en biens d'équipement, en santé, en loisirs et culture.

Les industriels du secteur comprennent cette évolution et développent des grandes surfaces spécialisées en complément de leurs hypers. Le début des années 1970 voit donc l'apparition de nouvelles enseignes sur de nouvelles zones commerciales en périphérie des villes, ou l'extension de marques locales à toute la France, telles que Boulanger (créée en 1954), Darty (créée en 1957) ou encore Castorama.

De nouveaux distributeurs attractifs (bon rapport qualité/prix, service après-vente, possibilité de livraison à domicile, offre large...) émergent donc dans tous les secteurs de la consommation : chaussures, habillement, parfumerie, livres, produits culturels, jouets, décoration, bricolage, jardinage, sports... portant un coup certain aux parts de marché du petit commerce (sa part dans les ventes de détail a régressé de 30,5 à 24,1 % entre 1970 et 1990).

Le commerce local indépendant est donc durement touché : par exemple, le nombre de détaillants spécialisés dans l'alimentaire est tombé de 129 880 en 1962 à 107 120 en 1968, puis à 80 740 en 1975. Dans les campagnes et petites villes provinciales, la colère gronde. Le gouvernement doit trouver des solutions pour enrayer la disparition du petit commerce.

La loi Royer votée en 1973 va donc chercher à contrôler et à discipliner la création de nouvelles surfaces commerciales en donnant aux commissions départementales d'urbanisme commercial (CDUC) le pouvoir d'accorder ou non le permis de construire pour des surfaces commerciales supérieures à 1 500 m² (ou 1 000 m² dans les villes inférieures à 40 000 habitants).

Au milieu des années 1970, deux faits caractérisent donc le marché de la distribution. D'abord, une concurrence acharnée sur les zones de chalandise du fait de la multiplication des enseignes dans un même périmètre géographique ; de l'autre, une réglementation qui ralentit l'expansion des surfaces (59 % des projets d'agrandissement seront refusés par les CDUC entre 1974 et 1992), obligeant les grandes surfaces généralistes à repenser en profondeur leur offre.

Plus de concurrence, une réglementation plus sévère, et des besoins de base qui s'érodent, l'avenir apparaît compliqué pour les grandes enseignes sur des marchés de plus en plus structurés. La guerre des prix fait rage, les marges s'érodent. Il faut se démarquer autrement que par le prix.

La guerre des prix

Les crises successives de la fin des années 1970 et du début des années 1980 ont un impact réel sur le pouvoir d'achat des Français. Le comportement des ménages devient de plus en plus erratique. La structure de consommation est ainsi impactée par deux facteurs.

D'abord, par la fragilité de l'économie (inflation et chômage en hausse, revenu qui stagne...) qui transforme en profondeur la capacité et la fréquence d'achat des ménages, leur arbitrage dépense/épargne. On note, au début des années 1980, une baisse constante des dépenses traditionnelles et la saturation du marché des biens durables, attaquant de fait la rentabilité des enseignes.

Ensuite, la demande croissante en variété de produits crée de plus en plus de segments hétérogènes (célibataires, jeunes, seniors, etc.) aux besoins différents. Face à ces besoins différents, les enseignes doivent structurer leur discours, augmentant l'importance du marketing dans le rapport au consommateur. Et parmi les messages envoyés, le bas prix est un élément essentiel du discours.

Le prix devient un déterminant essentiel de la consommation.

Une nouvelle fois, les industriels accompagnent cette réalité par deux concepts développés à la fin des années 1980. Le hard discount et l'outlet.

L'outlet, ou magasin d'usine, vend directement des produits du fabricant au consommateur. Le but est d'écouler des surstocks, fins de série et articles de second choix ou présentant des défauts à prix sacrifiés, de − 20 à − 50 % par rapport au prix catalogue. L'outlet est initialement un simple hangar, sans décor, sans service après-vente, où les articles ne sont ni repris ni échangés, et payés cash. Les outlets permettent aux marques d'écouler leurs produits directement, sans passer par un distributeur.

L'outlet a été bordé par une réglementation en 1996 qui pose que « l'appellation de magasin d'usine ne peut être utilisée que par les producteurs vendant directement au public la partie de leur production non écoulée dans le circuit de distribution ou faisant l'objet de retour. Ces ventes directes concernent exclusivement les productions de la saison antérieure de commercialisation, justifiant ainsi une vente à prix minoré ».

Le succès est au rendez-vous, symbolisé entre autres par l'enseigne Usines Center. Lancé pour la première fois en 1985, ce centre est ouvert 7j/7, compte plus de 100 boutiques et propose les collections de l'année passée de près de 300 marques avec une remise minimale de 30 % toute l'année.

Le hard discount, de son côté, est un concept venu d'Allemagne, lancé par les frères Albrecht qui ont créé l'enseigne Lidl, dont le principe est de faire du volume, en vendant au plus bas prix et en travaillant avec des marges d'exploitation très faibles : un référencement produits limité (moins de 1 000 références), une offre réduite par famille de produits, une présentation des produits dans leur emballage d'origine pour limiter les processus internes au magasin : mise en rayon, déballage, etc., un personnel d'exploitation réduit à sa portion congrue, à qui l'on demande de la polyvalence, une zone de chalandise différente des unités de masse (hyper, centres commerciaux...).

La maîtrise des coûts dans l'ensemble du magasin ayant un but unique : fidéliser par le prix de vente les clients qui, par ailleurs, sont aussi attirés par la localisation en centre-ville du magasin.

Le concept a rapidement crû en France à partir du milieu des années 1980 et s'est largement développé au cours des années 1990-2000. Depuis la fin des années 2000, le modèle hard discount stagne, notamment sous l'effet d'un bouleversement réglementaire, la LME. Cette loi de modernisation de l'économie promulguée en 2008 eut pour ambition de stimuler la concurrence entre opérateurs. Désormais en possibilité de s'installer sur des surfaces allant jusqu'à 1000 m^2 sans demande d'autorisation préalable, la grande distribution put reprendre d'assaut les centres-ville et les cœurs de quartiers.

En conséquence, de nouveaux concepts de proximité se multiplièrent: «À 2 pas» d'Auchan, U Express, Carrefour City... L'autre effet de la LME (avec la «loi Chatel») fut de supprimer les marges arrière des distributeurs classiques. Cette suppression a rapidement fait naître une bataille sur les prix. Les grandes enseignes se sont alors peu à peu réappropriées le mot «discount», et les consommateurs qui s'étaient jusqu'alors laissé convaincre par le hard discount sont revenus vers les hypers et les supers.

Évidemment, la réaction du hard discount a été immédiate avec l'ajout, dans leurs références en rayon, de grandes marques nationales. De fait, les hard discounters se sont positionnés sur les chasses gardées des grands distributeurs.

Du discount dans les hypers, des marques nationales dans les hard discounts...

À l'orée des années 2010, le consommateur s'y perd dans cette jungle du discount où tous les acteurs se ressemblent, où tous les acteurs sont «*pricey*» et soft discounts.

Pour autant, le hard discount est un concept fort en France. Ce circuit compte fin 2011 un parc total de plus de 4700 unités, 70 % de pénétration, 23 paniers par an par ménage, 1 article sur 5 acheté en France, et a fidélisé plus de 16 millions de Français.

▶ POUR EN SAVOIR PLUS – Histoire du hard discount:
www.tvdma.org/marketing-vente/consommation-vente/histoire-du-hard-discount-philippe-moati/

La guerre des marques

Dans l'économie des années 1990, les grandes marques et enseignes sont victimes de la récession et de l'infidélité du consommateur qui, d'un côté, économise, quand, de l'autre, il s'autorise l'achat impulsif et le coup de cœur dans l'enseigne de son choix.

Cette part croissante de l'arbitraire dans le comportement du consommateur met à mal le modèle traditionnel de consommation relié au prix : depuis la naissance du système de grande distribution en France, les grandes marques et enseignes ont en effet enchaîné les opérations spéciales, les promotions ponctuelles, les périodes de rabais. Il en résulte des variations excessives sur les prix et une perte de crédibilité vis-à-vis d'un consommateur ballotté entre le prix normal et le prix promotionnel du jour.

Au milieu des années 1990, le consommateur français est comme désensibilisé au prix.

Il faut donc le toucher autrement. Ce sera par un effort de différenciation et par un travail sur le positionnement de l'enseigne. L'optique vente, face à une offre de plus en plus homogène, à une harmonisation des prix et de la qualité, va donc être supplantée par une orientation marketing.

Analyse du besoin client, fidélisation, et publicité vont devenir des politiques stratégiques chez les distributeurs. Apparaissent de nouveaux mots qui dessinent de nouvelles fonctions : merchandising, trade marketing, marketing relationnel, fonction achats, marques distributeur...

La marque/l'enseigne X devient un repère. Avec la marque/l'enseigne Y, on positive. La vie est la marque/l'enseigne Z.

Les enseignes travaillent leur notoriété, sculptent à grand renfort de messages radio une image identifiable dans l'esprit de leurs clients, forgent une cohérence de marque en établissant leurs engagements clients, réaffirment leurs valeurs, structurent une politique de gestion des points de vente commune, une politique d'enseigne.

C'est dans cette logique que vont éclore les flagships, les navires amiraux de l'enseigne. Ces gigantesques surfaces représentent la puissance de la marque et ont pour objet de l'ancrer durablement dans l'esprit du consommateur par le style de vente (un effort considérable est mené sur le merchandising et l'animation du point de vente), le nombre de références disponibles et le niveau de service proposé.

Virgin Megastore en est l'exemple même. Inauguré en 1988, le Megastore trône sur les Champs-Élysées dans un bâtiment Art déco majestueux. À l'origine, l'objectif est de référencer une gamme de produits musicaux (et autres produits culturels) aussi large que possible. Puis Virgin y a associé des services : des bornes d'écoute équipent le magasin, des écrans facilitent le visionnage des vidéos, les produits hifi/informatiques sont en libre-service, un Virgin Café permet au client de se détendre entre deux écoutes de CD... Par ailleurs, les mégastores sont pensés comme des lieux de rencontres et d'échanges entre public et artistes, des lieux porteurs d'événements. Des show-cases sont ainsi organisés pour le lancement d'albums. L'idée est bien de créer une ambiance particulière pour valoriser l'enseigne. Et porter les ventes. Ce sera un très gros succès jusqu'à l'arrivée du digital qui va profondément rebattre les cartes.

La vente est une révolution perpétuelle. De leur création dans les années 1950 au milieu des années 1990, les concepts de vente physique massmarket ont sans cesse été peaufinés par des industriels à l'écoute des besoins de leurs clients.

Parallèlement, des modèles de vente hors magasin ont aussi trouvé leur marché : vente par correspondance (La Redoute, 3 Suisses), vente à domicile (Tupperware), distribution automatique...

Tout au long de la seconde partie du xxe siècle, l'industrie de la distribution s'est professionnalisée, structurée, concentrée, réinventée, internationalisée.

C'est alors que se démocratise Internet, et qu'avec le réseau des réseaux apparaissent de nouveaux acteurs, les premiers pure players du commerce en ligne.

CHAPITRE 1

Le digital énergise la distribution

EN LISANT CE CHAPITRE, VOUS ALLEZ ASSISTER À:

- *la naissance de l'Internet*
- *l'apparition de l'e-commerce et des premières marques pure players iconiques*
- *la création des espaces de marché*
- *la méfiance initiale des distributeurs traditionnels*
- *la transformation du consommateur*
- *l'éclosion de nouvelles cibles et d'un nouveau marketing*
- *l'arrivée de nouveaux terminaux*
- *l'émergence des comportements «crosscanaux»*

IL Y AURA:

- *des chiffres*
- *des anglicismes*
- *des belles histoires*
- *des analyses sociologiques*
- *des liens internet*

ET SI L'ON NE DEVAIT RETENIR QU'UNE CITATION:

«*The Internet in general and Amazon.com in particular is still in Chapter One.*»

«*L'Internet en général et Amazon en particulier n'en sont encore qu'à leurs débuts.*»
Jeff Bezos.

Le nouveau terrain de jeu

Si la genèse d'Internet fut un processus long, son origine correspond à l'élaboration du réseau militaire Arpanet dans les années 1960, et la création d'un protocole de communication homogène dans les années 1980, le TCP/IP, qui va fluidifier les échanges entre zones géographiques.

Le réseau des réseaux fut, à l'origine, pensé pour répondre au besoin de partage d'informations des militaires américains (et plus tard des scientifiques) travaillant aux quatre coins du monde, afin qu'ils puissent facilement s'adresser leurs documents les plus lourds.

Si Internet et le World Wide Web (WWW) sont souvent confondus, leurs fonctions sont bien différentes. L'Internet est un réseau mondial d'ordinateurs interconnectés quand le WWW est un service qui donne accès à des milliards de pages web. Le WWW, le Web, est la *«killer application»* d'Internet qui a favorisé son émergence, sa popularité et décuplé ses potentialités.

C'est un Britannique, Tim Berners-Lee, qui le crée en 1989 : l'objectif étant de naviguer simplement d'un espace à un autre d'Internet à l'aide de liens hypertextes et grâce à un navigateur. Affinée au fil du temps par Berners-Lee et son collègue Robert Cailliau, cette idée va aboutir, fin 1990, à un logiciel qui permettra à tout internaute d'aller d'un contenu sur l'Internet à l'autre, en suivant des voies multiples.

▶ POUR EN SAVOIR PLUS
– **Idée du Web par Berners Lee** : http://cds.cern.ch/record/1405411/files/ARCH-WWW-4-010.pdf
– **Accès à la première page web** : http://info.cern.ch/hypertext/WWW/TheProject.html

L'équipe du WWW sort donc le premier «site» internet à la fin 1990 : Info.cern.ch.

En 1991, le premier système «worldwideweb» est mis à la disposition de la communauté des physiciens des hautes énergies du CERN (Organisation européenne pour la recherche nucléaire). Un peu plus tard, ce système est mis en libre accès sur Internet, plus particulièrement à l'usage de la communauté des professionnels de l'hypertexte. La navigation sur Internet n'était alors qu'une chimère qui nécessitait de puissantes machines.

Il fallut attendre 1993 et la création d'un navigateur simple d'utilisation (et fiable) par l'université de l'Illinois pour changer la donne et favoriser la diffusion du WWW.

La recherche d'information sur la Toile solutionnée, la voie est alors ouverte pour tous ceux qui souhaitent créer de l'information.

1994 va ainsi être l'«année du Web»: alors qu'en juin le Web comptait 2 738 sites, fin décembre de la même année, on en dénombre plus de 10 000, dont 2 000 à usage commercial, et 10 millions d'utilisateurs. Netscape, le premier navigateur internet, apparaît. Deux étudiants de Stanford donnent naissance au portail Yahoo...

Et même si le trafic n'est qu'à ce moment l'équivalent du transfert de la collection complète des œuvres de Shakespeare à chaque seconde, la révolution de l'information est en marche. Avec le progrès technologique, de nouveaux besoins vont émerger et de nouvelles solutions y répondre.

La naissance du commerce digital

Tout au long des années 1970 et 1980, des innovations technologiques ont initié ce que l'on appelle aujourd'hui le «commerce électronique».

Une compagnie pharmaceutique américaine, Baxter Healthcare, a par exemple connecté un hôpital avec un modem pour faciliter son réapprovisionnement en médicaments à la fin des années 1970.

En 1981, c'est Thomson Holidays qui assure la première transaction financière en ligne entre entreprises, utilisant les nouveaux standards EDI (Electronic Data Interchange).

La même année, le déploiement du Minitel en France (rappelez-vous du combi téléphone – écran 8 pouces) va dessiner les contours du futur commerce en ligne: le Minitel, au milieu des années 1980, c'est 13 000 services payants en ligne, sans qu'il soit nécessaire d'utiliser la carte bleue puisque toutes les transactions sont chargées en fin de mois sur la facture téléphonique de l'opérateur France Télécom.

Mais réellement, il faut attendre le développement du Web au milieu des années 1990 pour voir apparaître l'e-commerce, compris comme étant une transaction réalisée sur l'Internet ayant comme base un échange de valeurs.

Et clairement, il y a un avant et un après l'apparition de l'e-commerce.

Avant 1995, le massmarketing est la norme. Les consommateurs sont considérés comme des cibles passives que l'on doit déclencher à coups de campagnes promotionnelles. L'idée est d'influencer la perception à long terme autour du produit et de stimuler des comportements d'achats en point de vente à grands coups de bourrages de crâne.

Le consommateur est sociotypé : il appartient à une classe qui le détermine géographiquement et socialement. Pour lui, l'espace de consommation est délimité. Impossible de faire jouer une concurrence spatiale ou qualitative. Son lieu d'habitation et sa CSP le prédéterminent. Si vous êtes né à Maubeuge et que vous êtes CSP-, vous consommerez des produits CSP- et n'aurez accès qu'aux produits distribués à Maubeuge. Dans cet univers cadré, l'information (notamment l'information prix) est asymétrique, forcément en la défaveur du consommateur. Habitant Maubeuge, comment en 1995 savoir que le prix de son lait est x % plus cher qu'ailleurs en France sauf à croire ce que dit l'enseigne ?

Après 1995, tout va changer...

▶ POUR EN SAVOIR PLUS — Timeline ecommerce :
http://blog.templatemonster.com/2010/09/08/history-of-ecommerce-timeline-infographic/

Les pionniers de l'e-commerce

1995 voit l'émergence de deux marques qui vont devenir des mythes de l'e-commerce : eBay et Amazon. Celles-ci (entre autres pionniers) vont bénéficier de la double aubaine de la sécurisation des protocoles informatiques et de l'accélération du développement de la connectivité pour émerger.

C'est en septembre 1995 que l'ingénieur d'origine française Pierre Omidyar code un site, Auctionweb, permettant de vendre et d'acheter sur le Net selon un système d'enchère. Contre toute attente, la demande est très vite au rendez-vous. Tellement rapidement d'ailleurs que les prix d'hébergement d'Auctionweb explosent, et qu'il faut trouver, pour le financer, un modèle économique. Début 1996, le modèle de l'intermédiation est trouvé : Auctionweb prélève une commission sur chaque transaction effectuée en échange de services (l'insertion de photos, la mise en avant du produit, la gestion de l'enchère...).

C'est le vendeur qui paie la totalité de cette commission ; l'acheteur, lui, n'ayant aucuns frais supplémentaire à sa charge.

Le succès continue, il n'en est même qu'à ses débuts. Au point qu'Auctionweb doit se professionnaliser, et est rebaptisé eBay après une première levée de fonds. Fin 1996, 7,2 millions de dollars de produits ont déjà été écoulés sur eBay.

eBay est bel et bien précurseur : ce site a transformé la notion de market-place. Avec eBay, l'offre rencontre la demande sur un prix donné, autour d'un niveau d'information du produit donné. Pour que le prix soit juste, la place de marché encourage le commentaire autour du produit et du vendeur. La transparence est de mise : c'est une sacrée nouveauté.

Toujours en 1994, à New York, un jeune financier, Jeff Bezos, lit un rapport qui prévoit une croissance de 2 300 % par an du commerce sur Internet. Bezos hésite. Il y a des opportunités sur l'e-commerce, c'est certain. Mais quel produit commercialiser dans un premier temps : les CD ? le matériel informatique ? les logiciels ? les vidéos (à l'époque VHS) ? les livres ? Ce sera finalement les livres. Pourquoi les livres ? Parce que, selon Bezos, il y a une forte demande mondiale, qui est continue ; le prix est le point faible du livre, donc une opportunité de conquérir le marché en cassant les prix existe ; et il y a un très grand nombre de références, trop grand pour qu'elles soient toutes disposées sur une surface de vente physique, ce qui représente là encore une opportunité pour pénétrer le marché. Amazon (initialement appelé Cadabra) est né. La première librairie en ligne ouvre en juillet 1995, basée dans l'État de Washington.

Après juste deux mois d'activité, Amazon vend des livres dans les 50 États américains, ainsi que dans plus de 45 pays dans le monde. À l'automne 1995, les ventes représentent 20 000 dollars par semaine. Et tout s'accélère pour la marque. Au point qu'Amazon va devenir le symbole de la consommation en ligne, et Jeff Bezos, son fondateur, être désigné personnalité Time Magazine de l'année 1999.

Pour autant, le modèle économique d'Amazon restera longtemps indéfini. Les investissements initiaux en entrepôts, en supply chain et en logistique ainsi que le développement de l'offre (2,5 millions de titres disponibles un an après son lancement) coûtent très cher. Si bien qu'en 2001, soit cinq ans après son lancement, le pure player atteint tout juste et pour la première fois la profitabilité (5 millions de dollars au quatrième trimestre 2001).

Amazon est précurseur d'un modèle de vente parce qu'il a créé le premier magasin online orienté client. Les utilisateurs peuvent rechercher les titres disponibles par mots-clés, auteurs ou sujets. Ils peuvent également acheter des livres en toute sécurité avec « one-click », un système de paiement breveté.

Par ailleurs, la fonctionnalité la plus populaire sur le site, sans conteste la recommandation communautaire, pousse l'offre. Sur Amazon, tout client inscrit peut écrire et publier une critique de livre ; critique qui peut être notée par la communauté qui guide donc l'achat.

Interaction communautaire plus largeur de l'offre égalent succès d'Amazon dans les années 2000.

De la place de marché à l'espace de marché

Les eBay, Amazon et « likes » ont créé un espace marché qui transcende les frontières géographiques et temporelles. Par ces interfaces, le produit est disponible 24h/24, 7j/7, facilitant *de facto* la vie du consommateur qui peut résoudre quand il le souhaite son besoin. Il y a plus. Le consommateur peut accéder à un produit auquel il n'aurait jamais accès dans le cadre d'un circuit de distribution classique. Amazon permet de commander un livre américain détenu dans son stock et de le recevoir quelques jours plus tard à domicile, quand la librairie du coin de la rue peinera à commander ce livre et à le faire livrer dans des délais raisonnables.

Dans cet espace marché, l'interaction avec le client reste aussi cruciale que dans la distribution physique. Dès le lancement de leur activité, les pionniers de l'e-commerce vont systématiser les échanges avec leurs consommateurs au moyen de forums, d'algorithmes conseils, de supports clients afin d'engager leurs consommateurs par un relationnel digital.

Cet échange doit permettre au consommateur d'exprimer et de mesurer son besoin, induisant donc une communication nouvelle autour du produit, plus transparente. Cet échange peut, par ailleurs, permettre au consommateur de qualifier son besoin et laisser au marchand la possibilité d'y répondre. La réponse la plus aboutie étant la customisation où le consommateur devient acteur dans la définition du produit qu'il souhaite acquérir.

La notion de personnalisation est donc consubstantielle à l'e-commerce. En envoyant des messages interactifs ciblés à ses consommateurs, le marchand se donne les moyens de mieux comprendre celui qui achète les produits et de lui proposer une offre qui correspond réellement à son besoin (et aussi théoriquement au niveau de prix qu'il est prêt à engager pour obtenir la satisfaction). On a là une évolution majeure de la logique de distribution : le digital favorise l'émergence d'un marketing de la demande.

La méfiance des distributeurs

Dès les premiers succès de l'e-commerce, les acteurs du commerce traditionnel se sentent menacés par le canal digital. Au fur et à mesure que de nouveaux acteurs entrent sur le marché, ils hésitent sur le positionnement à prendre. Faut-il y aller ? attendre ? La barrière technologique et culturelle que représente le Web les freine. Et puis il y a le sujet prix. Comment ne pas cannibaliser la valeur dans les surfaces physiques en offrant des prix bas sur les nouveaux supports digitaux ?

Ils vont néanmoins s'engager dans la voie digitale, quoique très timidement. Ainsi, en 1997, Auchan propose au lancement de son site e-commerce 25 produits ; chez Carrefour, à cette époque, il n'y a pas de direction e-commerce, mais un responsable de l'e-commerce qui rapporte directement à la direction commerciale. Ce qu'il faut en comprendre : le commerce digital n'a pas encore gagné son autonomie et n'est pas encore l'équivalent du commerce physique.

Ces acteurs traditionnels choisissent à cette époque une organisation en « silos ». Les deux canaux, réels et virtuels, coexistent, mais ne communiquent pas. Les produits proposés par l'un ne le sont pas forcément par l'autre. La prise de conscience par les distributeurs de l'absolue nécessité de proposer une offre unifiée va progresser au fur et à mesure que les usages internet vont se démocratiser, et que les clients vont attendre un même niveau de services.

La distribution spécialisée de son côté se fait moins hésitante, peut-être parce qu'elle sent que le digital offre une opportunité de gain de parts de marché. La Fnac par exemple lance dès 1998 son site marchand, bientôt suivie par d'autres enseignes enclines à l'innovation : Sephora, Leroy Merlin...

Les voyagistes, Nouvelles Frontières en tête, proposent des sites pour construire un voyage et le réserver, et travaillent leur relation client avec des foires aux questions où l'engagement est de répondre en moins de 24 heures à la demande du client. Plus tard, pour faire venir le client, Nouvelles Frontières inventera les ventes de voyage aux enchères : tous les mardis, des billets d'avion invendus sont mis en vente à des prix sacrifiés.

En cette fin de millénaire, la croissance de l'e-commerce prend un rythme vertigineux.

En témoigne l'essor de l'e-commerce à Noël 1999 outre-Atlantique : +270 % de commandes, +300 % de volume de ventes et +8 % du panier moyen des commandes[1].

La démocratisation de l'e-commerce

En France, les VPCistes lancent leurs catalogues sur Internet dès 1995, les grands groupes de distribution, Promodès et Casino en tête, leurs premières offres e-commerce, tandis que des pure players comme Cdiscount et Rueducommerce apparaissent. L'e-commerce se développe. Mais ce n'est encore, à cette période, qu'un frémissement. En effet, à l'orée du nouveau millénaire, un seul ménage français sur trois a accès à Internet, et l'on ne compte qu'environ 800 000 cyberconsommateurs dans l'Hexagone, pour un chiffre d'affaires d'à peine plus de 1 milliard de francs : 0,05 % du chiffre d'affaires du commerce de détail, ou l'équivalent des ventes annuelles de deux gros hypermarchés ! Un niveau de vente sept fois moins important que sur le Minitel[2] !

Et puis, il y a l'éclatement de la bulle spéculative qui s'était formée autour des valeurs technologiques. À partir de mars 2000, l'explosion de la «bulle» va avoir pour conséquence de limiter l'engagement des investisseurs (notamment américains) sur le terrain de la distribution digitale, avec néanmoins un effet positif : faire le ménage sur le marché où seuls les acteurs

---

1. Source : Shop.org, BCG.
2. Source Crédoc – Consommation et mode de vie septembre 2000.

dont les modèles économiques peuvent se révéler – à terme – pérennes vont perdurer.

Les ventes progressent. Partout, pour tous les acteurs. En France, les ventes par Internet passent au total de 1,05 milliard d'euros en 2001 à 1,7 en 2002, soit 61 % de croissance en douze mois. L'activité de la vente par correspondance digitale émerge. Ainsi, fin 2003, les e-commerçants VADistes sont quatre fois plus nombreux que fin 1999. Leur chiffre d'affaires sur Internet a été multiplié par 6, passant de 150 millions d'euros en 1999 (1 milliard de francs) à 900 millions en 2003 tandis que la part des ventes qu'ils réalisent par Internet passe de 5 à 12 %[1].

Pour les pure players, la croissance est aussi de mise. Un sur deux déclare avoir atteint son seuil de rentabilité en 2003. C'est un signe. Les ventes réalisées prioritairement dans le technologique, l'hifi/électroménager et les produits culturels leur permettent d'envisager de grandir sereinement. C'est la grande époque des Alapage.com, des Pixmania.com, des Mistergooddeal.com[2].

Quelques années plus tard, à la moitié des années 2000, l'e-commerce est entré dans les habitudes de consommation des Français : selon Médiamétrie, début 2006, 73 % des Français achètent à distance, et même plus de 80 % des 18-34 ans, générant au total plus de 200 millions de colis par an pour un chiffre d'affaires de 11,9 milliards d'euros.

Le marché est alors structuré entre, d'un côté, des acteurs purement digitaux : grandes boutiques généralistes (de type Amazon, Priceminister, Rueducommerce…), des corners outlets digitaux qui proposent des ventes privées ou des ventes flash (Vente privée, BrandAlley…), des boutiques spécialisées sur un type de produit (Bike.com par exemple) ; et, de l'autre, des acteurs de la distribution physique qui se digitalisent : des enseignes (Galeries Lafayette, But, par exemple), et des marques (Levi's, Gap, Zara…).

Cette frontière entre acteurs physiques et acteurs digitaux ne va durer qu'un temps. Très vite, les pure players digitaux s'enrichissent et se prennent à rêver de concurrencer les acteurs traditionnels de la distribution sur leur terrain. La seconde partie des années 2000 voit ainsi certains pure players ouvrir des points de vente physiques, à l'instar de Gros Bill, Cdiscount ou Pixmania. En voulant s'immiscer sur le terrain de

---

1. Source Fevad.
2. Source Insee – Acteurs du commerce électronique 2005.

la distribution physique, les pure players vont accélérer la réponse des acteurs dits « traditionnels ».

Nous en sommes là.

Les distributeurs « brick and mortar » (les acteurs physiques) doivent investir le champ du digital pour ne pas perdre le lien avec le consommateur et reprendre l'initiative face aux pure players. Et d'envisager un point de vente intégrant le digital.

Nouvelles technologies, nouveaux consommateurs

Pendant dix ans, les ventes sur Internet vont progresser à un rythme soutenu. Selon la Fevad, de 2005 à 2010, on va passer de 8,4 milliards d'euros à 31 milliards de ventes sur Internet, tous produits confondus (soit une progression de 269 % sur la période), pour atteindre, en 2012, 45 milliards.

Plus spécifiquement, les échanges de produits en B2C, soit la vente de produits spécifiquement à l'adresse des consommateurs, vont être multipliés par 20 entre 2000 et 2011.

Trois facteurs ont favorisé cette progression.

D'abord la croissance du nombre de sites marchands actifs, amenant de l'offre pour le consommateur donc de la concurrence entre acteurs, donc de la spécialisation et de la professionnalisation. Fin 2013, le nombre de sites marchands recensés atteignait 130 000 sites marchands actifs, avec, de 2005 à 2012, un nombre de sites marchands multiplié par 8[1], soit deux nouveaux sites marchands mis sur le marché par heure. Les sites moyens (100 à 1000 transactions par mois) et les plus gros sites (plus de 10 000 transactions par mois) enregistrant à ce propos les plus fortes progressions en termes de consommation. Tant et si bien que la Fevad recense 100 sites marchands qui réalisent plus de 100 millions d'euros de chiffre d'affaires annuel.

Ensuite la démocratisation de l'accès à Internet. On passe ainsi de 30 % des foyers français équipés en 2005 à 75 % fin 2012, soit un peu plus de

---

1. Source : Fevad.

41 millions d'internautes[1], quasiment exclusivement en haut débit, réduisant de fait le temps de chargement des pages et facilitant la navigation sur les sites. Cela impactant nécessairement le taux de connexion par jour des Français qui passe de 26 à 65 % de 2006 à 2012[2].

Enfin la sécurisation des moyens de paiement. Un certain nombre de solutions ont été mises en place avec le temps pour tranquilliser et encourager l'achat digital. Parmi celles-ci, pêle-mêle : l'usage de l'e-carte de crédit, le virement automatisé, les portefeuilles virtuels comme PayPal ou Google Wallet, le paiement à crédit comme 1euro.com, les codes éphémères avec un code à usage unique comme Allopass, les e-chèques ou cartes cadeaux, les bitcoins autrement appelé la « monnaie internet », les crédits de certains grands acteurs digitaux (crédits Facebook)...

Ces trois facteurs aboutissent au succès du cyberachat en France. Fin 2013, on compte près de 33 millions d'acheteurs digitaux[3]. Ainsi, 75 % des Français font du shopping en ligne. C'est leur troisième activité préférée[4], et ce sans réelle différence de consommation reliée aux genres : les hommes font autant de shopping digital que les femmes (70 % pour les hommes, 67 % pour les femmes).

Pourtant, le nombre d'e-acheteurs n'aurait tendance qu'à progresser faiblement, selon le cabinet de conseil PriceWaterhouseCoopers. Un « palier » aurait même été atteint en termes de fréquence d'achat, où le cyberacheteur français serait moins actif : 17 % des acheteurs digitaux français achèteraient online au moins une fois par semaine, contre 76 % des Chinois, 40 % des Britanniques et 36 % des Allemands.

Si c'est avéré que le taux de croissance du nombre d'acheteurs digitaux n'augmente plus que faiblement (5 % entre 2011 et 2012 selon Médiamétrie), c'est bien parce que la vente digitale est arrivée en phase de maturité. Dans leur ensemble, les Français sont familiers avec ce mode d'achat, modulo quelques différences en fonction des âges.

---

1. Source : Médiamétrie.
2. Source : Commission européenne.
3. Source : Médiamétrie.
4. Source : PayPal Insights – Ipsos.

LES FRANÇAIS ET L'E-COMMERCE

Selon Ipsos, 70 % des personnes interrogées de 18 à 54 ans ont fait au moins un achat sur Internet en 2012, il existe néanmoins des différences dans la structure des achats : ce sont, malgré un plus faible pouvoir d'achat, les jeunes de 18 à 24 ans qui sont les plus grands shoppers en ligne (69 %), achetant en priorité des vêtements (40 %), des voyages (33 %), des livres (32 %), des chaussures (22 %), des logiciels/jeux vidéo (22 %) et des spectacles (22 %).

Leurs aînés, les 25-34 ans, ceux qui ont un pied dans le « digital », l'autre dans le « réel », achètent outre les vêtements (50 %), les chaussures (28 %), et les produits de beauté (24 %), des articles pour la maison (28 %), des livres (40 %), de la billetterie (26 %) et des voyages (38 %).

De leur côté, les actifs connectés (35-54 ans) achètent presque autant de vêtements que les 25-34 ans, et sont plus gros consommateurs de produits de beauté et de produits culturels (respectivement 28 % et 23 % de leurs achats).

Enfin, même s'ils sont moins nombreux à acheter en ligne (59 %), les seniors (55 ans et plus) ne se cantonnent pas à une seule catégorie de produits : ce sont les plus gros consommateurs de voyages (45 %), et ceux qui achètent le plus d'objets pour la maison (22 %) et de jouets (28 %) pour gâter leurs petits-enfants. En revanche, les seniors achètent beaucoup moins de vêtements (32 %) et de chaussures (15 %) que les autres tranches d'âge.

On le voit, il y a des différences de types de consommation online en fonction de l'âge. Néanmoins, la CSP détermine aussi l'accessibilité à Internet et la possibilité de consommation online : il y a correspondance entre niveau d'éducation/type de métier exercé et accès à Internet. Ainsi, seuls 35 % des agriculteurs ont accès à Internet, à comparer avec 90 % des cadres et professions libérales.

Parmi les réfractaires au commerce en ligne, on compte, bien sûr, ces Français qui n'ont pas ou que peu d'accès à Internet. Pour le reste, ceux qui sont connectés, mais qui ne dépensent pas en ligne, leur non-conversion résulte à la fois d'une préférence pour l'achat en magasin (67 % des réponses) ou d'une crainte relative à la sécurité des moyens de paiement online (39 % des réponses).

Nouvelles technologies, nouvelles cibles

La transformation des modes de consommation induit pour les marques de nouvelles méthodes de conquête du client, ayant donc pour corollaire la connaissance du «client muté».

C'est pour cela qu'avec l'arrivée de nouveaux outils digitaux, des anglicismes sont venus enrichir le vocabulaire des marketeurs. On va ainsi parler de digital mum, de digital native, de silver surfer, de tweens... Revue de détail.

Digital mums

Âgées de 25 à 49 ans, les digital mums sont 11 millions en France. Actives, elles sont en permanence connectées : au bureau, à la maison ou dans les transports. Surreprésentées en région parisienne, les digital mums utilisent Internet pour gagner du temps et vont avant tout chercher du divertissement et de l'information pour elle et leur progéniture.

Ainsi, 90 % d'entre elles achètent au moins une fois par mois sur Internet dont 44 % déclarent dépenser plus de 20 % de leur budget familial online. Elles veulent shopper «quand elles veulent» (59 % des digital mums), pour «gagner du temps» (58 % des digital mums) et trouver des produits «moins chers» (44 % des digital mums).

KR Media et WebMediaGroup définissent quatre catégories de mamans connectées, en fonction de leurs usages internet :

- la practical digital mum (18 % des digital mums) qui utilise la Toile pour trouver des informations pratiques : offres d'emploi, annonces immobilières, etc. ;
- la shopping digital mum (26 % des digital mums) qui utilise principalement Internet pour les achats de la vie courante (alimentaire, produits ou services) ou pour effectuer des démarches administratives, déclarer les impôts, consulter des plans, cartes/itinéraires ;
- la social digital mum (environ un tiers des digital mums) très présente sur les réseaux sociaux qui achète deux fois moins *via* Internet que les shopping digital mums. Internet, elle l'utilise principalement pour son côté pratique et ludique ;
- la shopping digital mum (23 %) est le profil type de la femme souvent connectée qui interagit avec des communautés. Ainsi, 73 % de ces

mamans souhaitent acheter encore plus de choses sur Internet. Elles sont sensibles aux actions des marques sur le digital.

Digital natives

Nés entre 1985 et 1995, les «natives» ont un rapport tout à fait spécifique à la consommation, et aux marques, façonné par leurs liens avec les technologies numériques.

Bien évidemment, les natives sont prescripteurs sur l'achat online.

Coutumier de Wikipedia, le native a développé un goût insatiable pour la vérité objective et pour les échanges qui y amènent. La transparence est essentielle pour eux. Ils ressentent également le besoin d'être compris et écoutés en permanence par les marques, qu'ils souhaitent voir décloisonner la relation client sans pour autant entrer dans une relation «copain-copain».

En termes de comportement d'achat, cette génération compare tout et veut le meilleur prix garanti. Ils ont besoin de produits qui leur ressemblent et vont être sensibles au lien social que va susciter la marque, dans le virtuel ou dans le réel.

L'accès à l'information leur donne une capacité de défendre leurs droits, tout comme elle leur donne accès à un monde de possibles (vivre à l'étranger, connaître telle ou telle culture...). Mais c'est aussi le ferment de leurs doutes : ils sont déçus par le décalage entre l'information donnée et ce qu'ils constatent dans le réel.

À la fois confiants et assertifs, les natives peuvent paradoxalement se sentir malheureux, et ont besoin d'être rassurés. C'est là tout le défi de la marque à leur égard quel que soit le canal utilisé.

Silver surfers

«Silver surfer» est un terme américain pour désigner les internautes âgés de plus de 50 ans. Les silver surfers ont un budget assez conséquent et beaucoup de temps libre; du coup, ils consomment beaucoup : en priorité des voyages et des produits culturels. Près de quatre internautes sur cinq de 50 à 64 ans achètent en ligne (près de trois sur quatre pour les plus de 64 ans), et un tiers des surfeurs argentés consomment au moins une fois par mois online. Ils sont à la fois très sensibles aux avis consommateurs laissés online et fidèles aux marques qui leur sont familières dont ils connaissent les magasins physiques. Les silver surfers ont un panier moyen 36 % plus élevé que la moyenne française.

Tweens

Entre l'adolescence et l'enfance, les tweens dessinent une nouvelle catégorie de cibles potentielles : les 9-13 ans nés avec Internet et le mobile.

Quelques chiffres montrent qu'ils sont très tôt consommateurs digitaux : l'âge moyen de l'accès à Internet serait de 9 ans en France et un tiers des 9-10 ans en Europe irait surfer sur la Toile quotidiennement. Pratiquement 20 % d'entre eux ont même déjà un compte Facebook. Comme leurs aînés « digital natives », les tweens sont adeptes du multitâche : les actions marketing utilisant des nouvelles technologies interconnectées ne peuvent donc que les toucher. Comme les digital natives, les tweens ont accès à l'information, sans nécessairement passer par le filtre des parents pour se renseigner. Il est alors essentiel pour les marques de créer des contenus aspirationnels, prenant en compte les problématiques qui leur sont chères comme le sport et la protection de l'environnement.

Ces nouvelles cibles développent de nouveaux pouvoirs :

- ils peuvent défendre la marque et la recommander à leur communauté : le fameux « like » sur Facebook ;
- ils peuvent punir la marque et l'attaquer pour la faire évoluer : Nestlé a par exemple été puni par sa communauté pour son usage massif d'huile de palme ;
- ils peuvent participer à la marque, ce que nous allons voir dans le cadre du nouveau marketing.

Nouvelles technologies, nouveau marketing

Qui dit toucher de nouvelles cibles dit faire évoluer le marketing, autour d'un mix qui utilise pleinement les potentiels de la technologie. D'où un nouveau prix, un nouveau produit, une nouvelle distribution et une nouvelle communication digitalisée. Un nouveau marketing.

Le nouveau prix

La technologie transforme le prix, plus exactement sa vitesse de fluctuation. La transmission de l'information est décuplée par les technologies digitales, accélérant les réponses concurrentielles sur le niveau de prix : ayant connaissance des prix opérés par la concurrence quasiment en temps réel, le distributeur peut faire varier ses prix, tactique qui engendre nécessairement de nouveaux mouvements, des réactions, de la part des autres distributeurs.

CAS

LA VARIATION DU PRIX DE VENTE EN TEMPS RÉEL

Le cas Walmart et Amazon

La variation du prix de vente d'un même produit, en temps réel, par deux acteurs du commerce digital américain en novembre 2013.

Prenons l'exemple de la variation du prix d'un jeu vidéo pendant la période de Thanksgiving aux États-Unis. Walmart et Amazon proposent ce jeu vidéo à 49,96 dollars, 3 cents de moins que l'enseigne Target avant Thanksgiving. Le jour férié, Amazon abaisse son prix à 24,99 dollars tandis que Walmart descend à 15 dollars, pour attirer le consommateur. L'un constate le mouvement de l'autre, et sur les sept jours qui vont suivre Thanksgiving, les deux distributeurs mastodontes vont faire varier 7 fois leur prix. Ainsi, pour répondre à Walmart, Amazon va en J+1 augmenter son prix, puis le baisser en J+2, puis refaire baisser le prix à son plancher avant de le faire remonter en deux paliers successifs. À la tactique d'Amazon répond celle de Walmart qui engage une nouvelle tactique d'Amazon et ainsi de suite...

Sears et l'usage du logiciel Hadoop

Depuis 2010, le groupe de distribution américain Sears s'en remet à Hadoop – l'une des technologies « open source » et bon marché les plus prisées des projets Big Data – pour mettre en place le « dynamic pricing » : la fixation quasi en temps réel des prix de ses produits.

Concrètement, des algorithmes analysent une masse de données aussi diverses que les tarifs des enseignes concurrentes, les niveaux des stocks de chaque bien ou des indicateurs macro sur l'économie locale des magasins. Sears disposait déjà de ces informations avant le lancement de son projet, mais l'entreprise n'avait pas la capacité technique de les traiter simultanément. Les recouper grâce aux algorithmes d'Hadoop a permis au groupe des gains spectaculaires de rapidité : l'enseigne fixe désormais les prix de ses produits en sept jours, parfois moins, contre huit semaines minimum auparavant.

Avec le digital, la guerre des prix fait rage. Un petit peu comme à la bonne vieille époque où les distributeurs envoyaient les stagiaires dans les magasins concurrents pour faire une veille tarifaire. Le problème aujourd'hui, c'est que la veille est en temps réel, dans un espace de marché aussi vaste que peut l'être l'Internet, et que le repositionnement prix se fait immédiatement.

Par ailleurs, ces repositionnements prix permettent de tester en temps réel l'appétence des consommateurs à un niveau de prix donné pour le produit.

L'adéquation offre/demande se fait instantanément : si le prix est attractif, le consommateur vient au produit, s'il ne l'est pas, il n'y vient pas. La technologie permet donc à la marque d'offrir son produit au bon moment au consommateur, et de moduler les prix selon le niveau de demande. Donc, potentiellement, d'utiliser la rareté pour faire jouer les prix à la hausse.

Ces phénomènes pourraient être au bénéfice exclusif du consommateur, grand gagnant des variations de prix des distributeurs. Au final, le consommateur se retrouve perdu. Une incertitude (pour ne pas dire une angoisse) le saisit à l'idée d'acheter un produit au moment où le prix lui est le moins favorable. La variation prix fragilise psychologiquement l'acheteur qui a toujours peur de se faire duper par le distributeur. C'est pour cela que de nouveaux algorithmes sont de plus en plus (voyez Camelcamelcamel.com par exemple) mis à la disposition du consommateur pour lui indiquer si le moment d'accès au produit correspond à un moment tarifaire qui lui est favorable.

CAS

L'EXPLOITATION DES DONNÉES
DE CONSOMMATION PAR SAFEWAY

Safeway, la grande chaîne de supermarché américaine, a mis en place le programme Just for U qui analyse les données de consommation de ses clients à la caisse (temps de visite, marques préférées, types de produits achetés...) pour en tirer leur ADN de consommation.

En fonction de leur historique de consommation, Safeway anticipe les besoins à venir de ses consommateurs et pousse sur leurs smartphones (ou sur leur espace client internet) des offres spéciales calibrées à leur mode de vie. Si un consommateur ne consomme que des fruits et des légumes, Safeway va identifier qu'il s'agit d'un végétarien, et pousser des coupons de réduction pour un paquet de riz sur son smartphone.

Mieux, en fonction des profils de consommateurs, des pricings et des offres différenciés sont poussés. Le rabais consenti pour le paquet de riz du végétarien sera supérieur à celui obtenu par sa femme qui est carnivore, quand elle fait ses courses.

Le prix varie en fonction de la cible avec un effet collatéral intéressant pour l'enseigne : l'impossibilité d'être suivi par la concurrence.

Le programme Just for U va bientôt localiser les clients dans le magasin en temps réel, au moyen de capteurs, et leur proposer des offres géolocalisées. L'idée est d'influencer le consommateur quand il fait son shopping : lorsqu'un consommateur sera devant les brosses à dents, il recevra des coupons pour du dentifrice sur son smartphone.

En 2013, 45 % des ventes chez Safeway proviennent de consommateurs qui ont été stimulés (*vs* 0 % en 2011), avec, pour un 1 dollar investi, 8 dollars gagnés, et un panier moyen qui a augmenté de 1 % en quelques mois.

Le nouveau produit

Internet transforme le mix produit car il permet l'offre personnalisée. Chaque internaute peut en quelques clics créer des produits adaptés à son besoin. Certaines marques fondent leur relationnel client de plus en plus autour de ce marketing de la demande. D'abord dans une logique top-down qui – bien que participative – laisse le dernier mot à la marque. Danette par exemple, la marque iconique de yaourt, propose chaque année à ses clients de cocréer le parfum star de l'année à venir. Pour cette opération, plus de 6 millions d'internautes se sont mobilisés sur le Web depuis 2006 (en cumulé).

Dans une même logique top-down, la marque peut encourager l'individualisation de l'offre. Levi's propose à ses clients en fonction de la réponse à un questionnaire en ligne (morphologie, styles, tailles, coupes...), le Curve ID, la paire de jeans la plus adaptée à leur profil. L'idée étant pour la marque de créer des produits adaptés aux multiples profils de consommateurs, de le guider avant l'achat, par son conseil de susciter l'achat à faible risque d'insatisfaction.

Enfin, le produit peut être transformé pour correspondre aux goûts de l'acheteur. Dans ce cadre, la marque est dans une logique de cocréation du produit. Elle laisse la pleine liberté au consommateur d'adapter un produit type ou une partie du produit par des outils digitaux qu'elle met à sa disposition. C'est la customisation. Le client peut choisir parmi certains modules préétablis et configurer le produit qui lui ressemble.

Quelques exemples de produits customisés.

Exemple de customisation d'une partie d'un produit : la marque M&Ms qui permet au client de choisir la couleur des bonbons et d'y ajouter un message et des photos personnelles.

Exemple de customisation intégrale d'un produit : NikeID. La marque au Swoosh permet de choisir sur un site dédié (et désormais en magasin) les matières et les couleurs des différents éléments qui composent une chaussure de sport. La marque s'appuie sur un catalogue de références de chaussures. Concernant la gamme Homme, 80 modèles vont pouvoir être customisés sur 17 pointures (de 38,5 à 49,5) et 2 types de largeur (classique et large). En fonction des parties de la chaussure, 5 à 15 couleurs, et 3 à 5 matières différentes vont être proposées, avec la possibilité d'ajout de texte libre de 4 à 6 caractères par chaussure sur la languette. Chaque saison les palettes disponibles changent (en hiver, les matières sont plus épaisses et les coloris plus foncés).

Pour obtenir la chaussure de son choix, le consommateur va sur le module de personnalisation (online) NikeID pour créer et visionner la chaussure qu'il a en tête. Il peut payer directement sur le site ou conserver son modèle dans un « casier » qu'il ira consulter en magasin pour prendre l'avis du vendeur avant l'achat si nécessaire. Une fois commandée, la paire de chaussures est livrée à domicile ou en magasin et peut être retournée gratuitement à la marque sous 30 jours pour remboursement en cas d'insatisfaction. Le prix de vente d'une paire de chaussures customisées est alors 15 à 25 % plus cher que pour une paire standard.

La nouvelle distribution

Les innovations technologiques, surtout celles reliées à la transmission et à la gestion d'informations, ont transformé le magasin et les flux logistiques associés.

Des applications digitales et autres capteurs au sein même du magasin permettent de recueillir de la donnée sur le comportement du consommateur, ses habitudes d'achat, sur les variations de flux dans le magasin, les performances de livraison des fournisseurs, sur les tendances de vente du produit, etc. Bref, le magasin «informatisé» recueille de la donnée qui permet d'élaborer des prévisions et de faciliter les prises de décision sur des éléments aussi différents que le réapprovisionnement, la planification des promotions, la planification des ventes en fonction des anticipations météo/saisonnières, l'optimisation des achats et l'optimisation du linéaire en fonction du profit au mètre carré...

Ces modules technologiques qui permettent de gérer l'information au sein du magasin ont un impact financier direct. Le magasin devient plus «lean» (plus performant), sa gestion, plus efficace. Ainsi, Carrefour va dès 2008 tester la technologie RFID pour optimiser la traçabilité des produits et piloter la gestion des stocks et le décaissement plus facilement: la RFID ne nécessitant pas de scanning et accélérant la reconnaissance du produit par un procédé de lecture automatisé.

Ce pilotage plus fin impacte directement le concept même de magasin, le circuit de distribution auquel il est associé. Avec un coût de fonctionnement rationalisé et une gestion financière optimisée au quotidien et dans le prévisionnel, le magasin peut investir pour conquérir et fidéliser son client: travailler son merchandising, son offre, son marketing.

Le recueil de données rapproche l'enseigne du client final. En connaissant mieux ses clients, l'enseigne est encore mieux à même de le servir qualitativement, de s'adapter à ses besoins, de lui proposer de nouveaux services.

De plus, la digitalisation a permis l'émergence de nouveaux modèles de distribution. À l'instar du drive et du picking.

FOCUS

LE DRIVE ET LE PICKING

Le drive consiste à aller récupérer sa commande, après l'avoir effectuée sur Internet, dans un lieu déterminé. Auchan a été une des toutes premières enseignes à le mettre en place. Les impacts logistiques sont importants. Chaque site «drive» comprend une zone de préparation et de retrait des commandes, à proximité d'un entrepôt de stockage. L'accueil est le plus souvent physique. Problème pour les distributeurs, les centres de coûts associés à cette nouvelle formule sont nombreux (et pèsent le plus souvent sur sa rentabilité).

Une version hybride du drive a été proposée par Tesco, le distributeur anglais. On parle de picking: même principe que le drive, les consommateurs commandent sur Internet, sauf que le distributeur relaie la commande dans ses magasins locaux et que le consommateur vient récupérer sa commande dans le magasin (à pied donc). Le réseau Intermarché a déployé le picking dès 2007. Le réseau a donc opté pour une stratégie logistique locale où ses magasins locaux sont au cœur du dispositif. Pour pouvoir mailler le territoire, Intermarché a dû créer de nouvelles mini-enseignes. Résultat : avec un Intermarché tous les 18 kilomètres en France, un système d'information dédié à la gestion du picking, Intermarché s'est positionné tôt pour avoir un avantage compétitif face à la concurrence. Là encore, la rentabilité de la formule n'est pas encore trouvée. Pourtant, le consommateur, lui, s'y retrouve : 6 millions de ménages ont essayé le « picking » en 2013 tandis qu'au même moment les grands hypermarchés perdent du trafic.

Ces transformations du magasin concomitantes d'une digitalisation du commerce ont évidemment rendu moins cruciale pour l'enseigne le déploiement d'une offre large dans une « grande » surface. D'où la remise en cause du modèle de l'hypermarché tel qu'on le connaît (dont la rentabilité au mètre carré a tendance à décroître), et l'investissement sur de nouveaux « univers » de distribution. En plus des allées spacieuses, des éclairages travaillés, du mobilier design et du plan de circulation facilité, le magasin doit désormais, en plus des produits classiques, se focaliser sur des produits à valeur ajoutée (produits exotiques, épicerie fine, etc.).

D'où aussi, la tendance à la relocalisation de points de vente à taille plus réduite en centre-ville.

Avec le point de vente de proximité, les enseignes répondent aux attentes des consommateurs des années 2010 qui oscillent entre l'achat « low cost », les produits premium et le besoin de services comme la livraison à domicile ou les horaires élargis. Il répond également à la demande du client d'effectuer rapidement ses achats, autour d'une offre plus restreinte, dans un magasin qui reste convivial. Bref, à partir de 2010, la relocalisation en centre-ville est un must pour la marque/l'enseigne.

Les magasins changent dans l'univers physique. C'est aussi le cas dans l'univers digital.

UN POINT DE VENTE GENERAL MOTORS ORIGINAL
SUR LA PLATE-FORME EBAY

Les deux sociétés ont expérimenté en Californie une vente flash de voitures sur eBay. General Motors testait par ce biais la vente en ligne, quand eBay testait la revente de voitures neuves. Une opération gagnant-gagnant donc pour les deux marques.

Pratiquement, 225 revendeurs General Motors californiens étaient à la disposition du consommateur dans des show-rooms virtuels configurés par eBay. Les internautes pouvaient consulter en ligne les informations sur les modèles, interroger les vendeurs, négocier les prix et organiser leur financement. Résultat : 1 million de visiteurs uniques, 4 000 voitures vendues.

Transformation des stratégies commerciales, transformation des flux logistiques, transformation des parcours internes au magasin, transformation des concepts, renforcement du besoin de points de vente en centre-ville, le digital a eu un impact réel sur le circuit de distribution.

La nouvelle communication

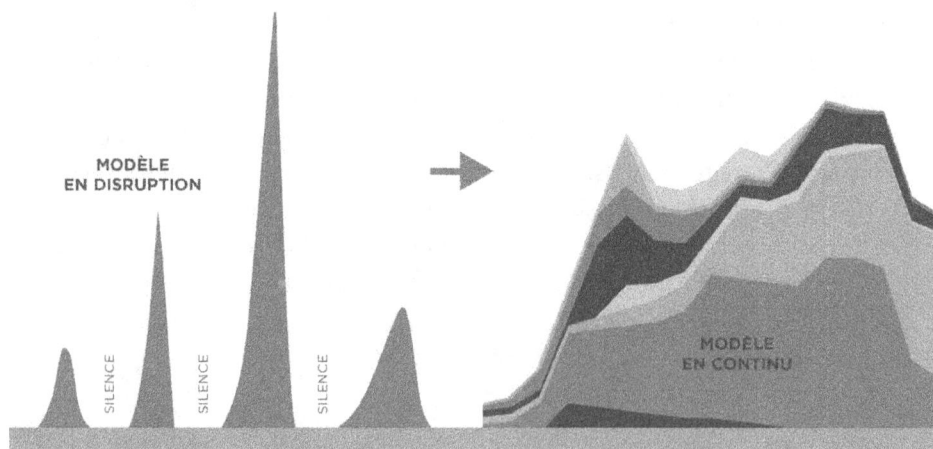

Source : ZenithOptimedia

Les médias digitaux ont eux aussi changé la communication. D'un modèle disruptif où la marque fait du bruit par intermittence, le digital a engendré un nouveau modèle de communication où la prise de parole est continue, sur des supports différents, à l'adresse de cibles différenciées.

On dit de la marque que sa présence doit être continue, partout *(anytime/anywhere)*, sur tous les supports *(any devices)*: ATAWAD.

Cette présence continue de la marque transforme en profondeur la teneur du message. Désormais, asséner de l'information massive, monolithique et de manière systématique sans prendre en considération les différentes attentes des différents consommateurs devient contre-productif.

Dans un environnement à la concurrence forte où toutes les marques se battent pour être audibles, il faut changer de paradigme: proposer un nouvel engagement au consommateur, répondre aux questions qu'il se pose et faciliter sa prise de décision par un discours sincère et utile. L'idée n'est plus de faire de la «part de voix» (comprendre: qui crie le plus fort dans l'univers de concurrence), mais bien d'initier une relation avec lui, mieux: une conversation.

Il s'agit moins de forcer le consommateur à la vente que de le convaincre de l'intérêt qu'il a à acheter la marque et ses produits. Ce qui compte, c'est l'influence que la marque va gagner dans l'esprit du consommateur. Par exemple, en proposant un comparateur de prix et en communiquant sur le service que ce comparateur rend aux consommateurs, Leclerc prend une avance notable sur ses concurrents.

Ainsi, sur tous les points de contact consommateurs, la recherche d'un discours juste et calibré en fonction des cibles est essentielle. Plus, il se doit d'apporter une solution immédiate, un bénéfice réel. Quatre mots vont caractériser le nouveau message digital: opportunisme, créativité, innovation et mesure.

Opportuniste, créatif, innovant et mesurable comme a pu l'être la campagne Tesco en Corée du Sud, où le distributeur a créé un magasin virtuel dans le métro de la capitale, Séoul. Des affiches représentent les produits mis en vente dans les supermarchés Tesco ont été posées sur les vitres d'une station, associées à des QR codes. Ces affiches ont permis aux citadins de faire leurs courses pendant qu'ils attendaient le métro et d'être livrés à domicile une fois leur panier payé en ligne. L'opération a trouvé d'elle-même son public quoique relayée par une campagne de relation presse et par des affiches promotionnelles. Le résultat a été plus que probant pour la marque: des ventes digitales qui ont substantiellement augmenté sur la durée de la campagne (+130 %).

Opportuniste, la marque l'a été en se servant de supports non exploités, dans un univers de vie sous-équipé, et en décelant un besoin à satisfaire compatible avec le mode de vie coréen. Créative, car la marque a réalisé ce que personne d'autre n'avait fait avant elle. Innovante, car elle a utilisé et orchestré les potentiels d'outils digitaux.

Mesurable enfin, car ces nouvelles technologies permettent de quantifier instantanément l'impact des messages sur le consommateur et de les modifier pour les rendre encore plus impactants.

▶ POUR EN SAVOIR PLUS – www.youtube.com/watch?v=nJVoYsBym88&feature=youtu.be

Les nouveaux messages doivent donc utiliser les nouvelles opportunités technologiques : réseaux sociaux, moteurs de recherche (search marketing), applications mobiles, etc., dans une logique 360°. En les reliant entre eux et en reliant ces nouveaux outils avec les outils préexistants (télévision, presse, affichage...) autour d'une histoire/d'une expérience qui sert la marque. Ce que le marketing de Coca-Cola appelle le Liquid Content : la création d'une idée-force (qui a de la valeur et du sens pour le consommateur) qui se disperse au fil des conversations initiées avec le consommateur sur différents canaux – tous en relation les uns avec les autres – pour créer un message homogène et enrichi de commentaires, d'histoires de consommateurs autour du produit.

A brand new world...

▶ POUR EN SAVOIR PLUS – www.youtube.com/watch?v=LerdMmWjU_E

L'Internet autrement :
l'arrivée de nouveaux terminaux

Le premier réseau de téléphonie mobile (Radiocom 2000) est déployé en France dès 1986. Ce réseau que l'on considère comme le réseau de première génération mobile va permettre les échanges « voix » en situation de mobilité. Lorsque, après 1992, un nouveau réseau dit « GSM » (appelé communément « 2G ») succède à Radiocom 2000, des terminaux plus fonctionnels, de nouvelles offres opérateurs plus abordables sont proposés au grand public, pour démocratiser l'usage des échanges voix, mais aussi du SMS. C'est d'ailleurs avec le GSM que les premiers échanges marchands mobiles vont s'opérer par SMS surtaxés. Rappelez-vous l'achat de sonneries contre des SMS surtaxés.

Le passage du réseau GSM au réseau GPRS à l'orée du nouveau millénaire va signer l'arrivée de l'Internet mobile dans l'Hexagone, et ce par le biais d'un nouveau service d'origine japonaise, l'iMode, qui va introduire deux nouvelles fonctionnalités en mobilité : la consultation de services et la messagerie électronique.

Le téléphone peut désormais, en plus de la voix, permettre l'échange de données. L'Internet mobile prend son envol, et le réseau GPRS ne suffit bientôt plus. Il faut « upgrader » le réseau pour faciliter un plus grand trafic internet mobile. Ce sera EDGE. Puis UMTS, la 3G.

Le trafic internet mobile augmente résolument. Mais il manque ce petit quelque chose pour qu'il explose et que l'on puisse exploiter à sa pleine mesure les potentialités de l'UMTS.

Ce petit quelque chose est une révolution. À mi-chemin entre un téléphone et un ordinateur connecté. Ce petit quelque chose a un nom : smartphone. Avec lui, naviguer sur Internet est plus simple, et de nouvelles fonctionnalités peuvent être utilisées telles la géolocalisation, la vidéo, la reconnaissance vocale… Le consommateur répond tout de suite au rendez-vous de l'accès simplifié à l'Internet mobile, la demande de smartphones s'affole. Plus tard suivie par celle des tablettes, ces dérivés de smartphones aux écrans plus grands.

LES CHIFFRES DE LA MOBILITÉ EN FRANCE

Entre 2008 et 2012, on observe une progression des ventes de smartphones de 1 million d'unités vendues par an à 13,5 millions. Croissance phénoménale (+ 1 250 %) en partie portée par le lancement de l'iPhone[1].

Parallèlement, entre 2010 et 2013, les tablettes en France sont passées de 0,4 million à 5,1 millions d'unités vendues[2].

En 2013, 39 % des Français – surtout les 12-39 ans – sont équipés de smartphones, 17 % d'entre eux de tablettes – surtout les 25-39 ans[3].

Résultat : de nouveaux usages émergent. Les connexions à Internet depuis un mobile sont en forte progression (37 % des personnes interrogées contre 28 % en 2012, et 21 % des Français[4] connectés *via* leur tablette). Ces équipements ont un impact sur le nombre total d'internautes en France puisque, fin 2013, 81 % de la population surfe sur le Web, et ce, pour 77 % des Français, tous les jours.

Problème : à force de pousser l'usage, les autoroutes saturent. Il faut créer des réseaux toujours plus larges, des autoroutes de l'information toujours plus grandes. Après UMTS, ce sera HSDPA, HSUPA, LTE et aujourd'hui LTE Advanced.

Au fur et à mesure des générations de réseaux, le taux de pénétration de consommateurs actifs en mobilité va passer de 0,4 % en 1994 à 49 % en 2000 puis dépasser les 100 % en 2011 pour atteindre 115 % au troisième trimestre 2013[5].

Naturellement, le rapport du consommateur à la marque/enseigne évolue puisque le grand public a de plus en plus accès aux informations/à l'offre produit sur Internet. Modulo des variations par CSP : plus on fait de longues études (82 % des diplômés du supérieur utilisent Internet pour leurs achats) et plus ses revenus sont élevés, plus on interroge Internet pour faire ses achats – ainsi 75 % de ceux qui vivent dans un foyer où les revenus

---

1. Source : ZNDET.
2. *Idem.*
3. Source : Crédoc.
4. *Idem.*
5. Source : Arcep.

mensuels dépassent 3100 euros font des achats par Internet ; la pratique est deux fois moins répandue en bas de l'échelle des revenus.

L'accès à l'Internet mobile a ainsi pour effet de développer les ventes sur ce nouveau canal. On parle de m-commerce. Pour 2012, la Fevad comptabilise 1 milliard d'euros de ventes sur mobile (+150 % en un an) par 4,6 millions de mobinautes[1].

La recommandation sociale digitale

Le mobile pousse les usages internet et facilite la prise de parole du consommateur. Où qu'il soit, à n'importe quel moment de la journée, le consommateur n'a qu'à dégainer son smartphone pour entrer en contact avec sa communauté et partager ses avis sur le magasin qu'il visite, le produit qu'il envisage, la marque qu'il expérimente.

Le développement des plates-formes sociales que sont Twitter et Facebook – entre autres – va donc participer à la progression des usages internet mobile. Le consommateur se connecte de plus en plus fréquemment avec son smartphone et se renseigne auprès de ses «friends» sur les marques et les produits qui l'intéressent.

Ce sont désormais moins les sites des marques qui sont consultés que les avis de tout un chacun – *via* les réseaux sociaux – sur ce qu'elles représentent, et ce qu'elles vendent (66 % des internautes ont contribué à des avis, recommandé ou partagé sur des produits services qu'ils ont achetés[2]).

Si la marque et ses produits sont plébiscités par la communauté, sa page Facebook est «likée» (31 % des avis sont positifs[3]). Au contraire, si la marque déplaît, elle fait l'objet d'un bad buzz, ses produits sont vilipendés par la communauté (49 % des avis sont négatifs).

Ainsi, en 2013, 38 % des utilisateurs français de réseaux sociaux les consultent avant un achat, et 16 % d'entre eux déclarent être devenus de nouveaux clients d'une marque après cette consultation. Il y a bien là une nouvelle opportunité de séduire le consommateur.

---

1. Source : Médiamétrie.
2. *Idem.*
3. Source : SNCD.

Mais il y a aussi une menace pour la vente. Quand un consommateur appartient à plusieurs réseaux sociaux, qu'il sollicite différentes communautés, qu'il écoute ce que lui dit la marque, et ce que contestent des consommateurs engagés envers (ou pour) la marque, les messages deviennent confus. Finalement, le consommateur est surinformé, et cette surinformation l'angoisse, au point de le fragiliser dans son envie, de différer sa décision d'achat.

Aujourd'hui, en France, c'est un danger qui guette les marques et fragilise le commerce.

Ainsi, 63 % des internautes français sont des utilisateurs d'au moins un réseau social (+10 % entre 2012 et 2013) dont 33 % sont membres de trois réseaux sociaux, soit autant de possibilités de solliciter des communautés différentes et d'avoir des avis dissonants[1].

C'est pourquoi dans cette nouvelle logique de consommation, appelée «social shopping», la marque doit d'autant plus soigner ses prospects et leur envoyer les messages qu'ils attendent : des réductions commerciales (86 % des attentes des consommateurs digitaux), des conseils (83 % des attentes), des informations exclusives (82 % des attentes) ou un service client réactif (80 % des attentes).

Du parcours d'achat crosscanal

Le parcours d'achat standard a été transformé par l'arrivée des réseaux sociaux et de la mobilité. Traditionnellement, cinq étapes ponctuaient ce parcours.

FOCUS

LE CONSUMER FUNNEL TRADITIONNEL

Un premier moment, la notoriété – en anglais *awareness* – devait permettre au consommateur de prendre connaissance de la marque. La question qui se posait alors pour la marque était : «Comment me faire connaître ?» Cette étape induisait une forte intensité communicationnelle, notamment sur des mass media.

---

1. Source : SNCD.

La deuxième étape, dite «*familiarity*», avait pour vocation de créer du lien entre la marque et le consommateur. La question qui se posait pour la marque était : « Comment informer le consommateur pour le rassurer sur mes produits ? » Cette étape nécessitait la présence d'argumentaires et de contacts commerciaux (brochures ou vendeurs).

La troisième étape, dite « préférence », devait stimuler le consommateur pour lui donner envie de consommer le produit/la marque. La question qui se posait était : « Comment inciter le consommateur à aller vers le produit ? » La marque donnait de bonnes raisons au consommateur de s'orienter vers son produit au moyen d'initiatives sur le prix ou par la mise en avant de caractéristiques distinctives du produit.

Enfin le consommateur achetait (étape n° 4), et, s'il était convaincu par le produit et par l'expérience de marque, il entrait dans une logique d'engagement, renforcée par des initiatives de fidélité pour le maintenir en adéquation avec le produit/la marque dans le temps (étape n° 5).

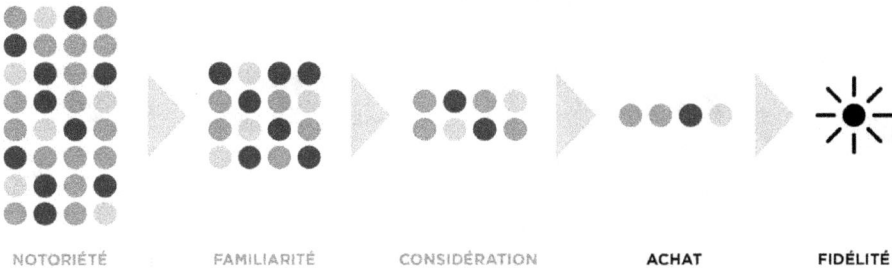

NOTORIÉTÉ   FAMILIARITÉ   CONSIDÉRATION   **ACHAT**   FIDÉLITÉ

Source : McKinsey

Ces cinq étapes sont aujourd'hui éculées dans un environnement digital. La marque ne s'adresse plus seulement à des consommateurs passifs, mais à des consommateurs surinformés qui partagent leurs informations en temps réel pendant leur parcours d'achat.

C'est pour cela que le consumer funnel a été muté par les consultants du cabinet McKinsey en consumer decision journey.

LE CONSUMER DECISION JOURNEY

1 Le consommateur considère un premier ensemble de marques, fondé sur leur perception et leur exposition sur les derniers points de contact.

2 Les consommateurs rajoutent ou suppriment progressivement des marques durant la phase d'évaluation.

3 Au final, le consommateur choisit une maque au moment de l'acte d'achat.

Évaluation active, agrégation d'information, shopping

Boucle de fidélité

MOMENT DE PRISE DE CONSIDÉRATION

DÉCLENCHEUR

ACTE D'ACHAT

Expérience de post-achat, exposition continue

4 Après l'achat d'un produit ou d'un service, le consommateur se crée une perception fondée sur son expérience de manière à instruire le prochain acte d'achat.

Source : McKinsey

Dans ce nouveau cadre, le consommateur prend en considération les quelques marques qu'il a présélectionné en fonction des messages qui l'ont touché (étape 1). Il acquiert alors du savoir sur les différents produits par toutes les sources d'informations à sa disposition et évalue (étape 2). Une fois dans la surface de vente, il sélectionne en toute connaissance une marque et achète (étape 3). Puis, le consommateur vit une expérience autour du produit ; expérience qui va construire son attitude par rapport à la marque/au produit. Cette attitude sera, par la suite, communiquée à sa communauté : il va donc l'influencer à son tour (étape 4).

▶ **POUR EN SAVOIR PLUS** – www.mckinsey.com/insights/marketing_sales/the_consumer_decision_journey

Le parcours de vente linéaire est donc devenu obsolète. Aujourd'hui, il ressemble plus à une boucle sans fin où les consommateurs découvrent, jaugent et achètent en utilisant différents canaux. Avant de se laisser séduire, le consommateur enquête et mesure les messages/stimulus qu'il reçoit. C'est ce que les marketeurs de Google ont appelé le Zero Moment of Truth (ZMOT). Il devient dès lors plus difficile de prédire le comportement de chaque consommateur puisque la réflexion autour du produit s'individualise et que les sources d'informations qui amènent chacun des consommateurs à une conclusion sont différentes. Il faut donc que la marque accepte de laisser le consommateur faire à sa guise, et qu'elle réagisse, le cas échéant, à ses actions avec le plus de transparence possible.

Avant même d'arriver au First Moment of Truth, ce moment où le consommateur entre dans le magasin pour acheter un produit ou un service pour la première fois, avant même de goûter au Second Moment of Truth, ce moment où il expérimente pour la première fois un produit, et où il vérifie que sa promesse est conforme à ses attentes, le ZMOT vient donc s'immiscer dans le processus de décision du consommateur.

En 2013, le consommateur va être touché par plus de 10 points de contact différents pour préparer sa décision d'achat (deux fois plus qu'en 2010). Forcément, dans son esprit, les messages vont perdre en clarté: ils vont s'embrouiller. Il importe donc que la marque apporte des réponses aux questions qui vont germer. Des réponses cohérentes, justes et qui vont donner confiance.

▶ **POUR EN SAVOIR PLUS SUR ZMOT**
– http://youtu.be/g40rrWBx2ok

FOCUS

LE PARCOURS D'ACHAT DIGITALISÉ TYPE

Prenons l'exemple, à l'instar de ce que décrit McKinsey, du processus de décision de consommation d'une jeune femme urbaine CSP+ qui cherche un sac. McKinsey appelle cette jeune femme Hélène. Hélène identifie, *via* un des nombreux points de contact mis en place par la marque – disons une publicité dans un magazine féminin –, le sac X comme étant celui qu'elle désire, Hélène cherche aussitôt des informations complémentaires, et pour que ce soit vraiment rapide, elle dégaine son smartphone préféré. D'abord, elle cherche à avoir des avis sur le style du sac. Elle va consulter des applications «style» (magazines féminins, influenceuses...) et des blogs spécialisés. Une fois rassurée sur la qualité du produit, elle va s'intéresser au prix. Une nouvelle fièvre de consultation va la gagner. Elle dégaine à nouveau son mobile et va comparer sur différentes applications le prix du produit. Pour bien se faire une idée sur son projet d'achat, Hélène va aller voir ce sac X en point de vente lors d'une pause déjeuner, l'essayer, se prendre en photo avec et demander des avis à sa copine sur Facebook. Est-ce que ce sac lui va oui ou non? Ses amies lui envoient dès lors des commentaires et lui suggèrent des axes de personnalisation. Hélène retourne sur son mobile pour voir s'il y a un magasin plus proche de chez elle, qui pourrait lui délivrer son sac X à la couleur qu'elle préfère. Oui, il y en a un. Elle en profite pour prendre rendez-vous avec un vendeur.

Le jour J, elle se présente en magasin et est automatiquement reconnue par Françoise la vendeuse, qui vient vers elle et l'accueille par son prénom. Françoise montre à Hélène son sac et lui propose d'autres produits qui pourraient lui apporter une «touche» supplémentaire. Hélène est ravie de cet accueil et, en plus, elle est intéressée par les nouveaux produits qu'on lui soumet. Finalement, elle va acheter non seulement le sac X, mais le foulard Z (qui lui va à merveille). Et comme elle est satisfaite du service rencontré et de l'expérience vécue en magasin, elle laissera un commentaire très favorable sur le Facebook de la marque dès qu'elle prendra le temps de se retourner sur sa journée «shopping». Un coup de tablette et hop! toute la communauté des amies d'Hélène est informée de cette expérience réussie.

D'ailleurs, il n'est pas impossible qu'Hélène trouve, elle aussi, sur sa page Facebook un message de remerciement de la marque et une invitation à venir aux prochains soldes VIP pour découvrir de nouveaux produits. La boucle est bouclée.

En fonction du type de produits et des typologies de consommateurs plus ou moins digitalisés, les parcours crosscanaux vont être plus ou moins longs et générer plus ou moins d'implication.

À ce propos, l'AFRC et Orange déterminent cinq types de parcours :

- le parcours divertissant : où le consommateur imagine à l'avance le plaisir qu'il va retirer de l'achat. C'est l'exemple de l'achat d'un voyage qui tient à cœur. Ce parcours est assez long car le consommateur aime susciter son désir et souhaite trouver la meilleure offre. Il y consacre donc du temps – pour acquérir son vol au meilleur prix – et a besoin de nombreux avis de sa communauté – sur son choix d'hôtel par exemple ;

- le parcours ritualisé : où le consommateur a un confort relatif dans son choix. Il a par exemple une liste de courses préenregistrée sur l'application de son enseigne alimentaire préférée. Il ne fait pas appel à sa communauté, et s'engage « les yeux fermés » vers le rachat, sans perdre son temps pour glaner des avis ou des conseils ;

- le parcours rébarbatif : où le consommateur souhaite se délivrer de la corvée que la recherche du produit représente. Le consommateur souhaite perdre le minimum de temps à jauger le produit. Il souhaite être guidé dans son choix par l'outil digital pour le soulager. En période de fêtes notamment, l'algorithme de choix proposé par la Fnac va ainsi enlever une épine dans le pied du consommateur qui sera, par ailleurs, ravi d'aller chercher ses produits tout emballés une heure plus tard en magasin ;

- le parcours « low cost » : où le consommateur recherche de toutes ses forces le prix le plus bas. Très consommatrice en temps, cette recherche ne va aboutir qu'après une vaste comparaison et l'aide de la communauté pour aboutir à un résultat satisfaisant ;

- le parcours « découverte » : où le consommateur prend le temps de comprendre le produit qu'il désire. Pour pallier la peur de se tromper, il demande des avis tous azimuts : à sa communauté, au vendeur. Il revient plusieurs fois en magasin pour tester le vendeur par rapport à ce qu'il a vu online. Il tente de trouver par ailleurs le meilleur prix associé à ce produit. Ainsi, pour acheter son lave-linge, le consommateur va faire plusieurs navettes entre les outils digitaux à sa portée et la découverte du produit en magasin.

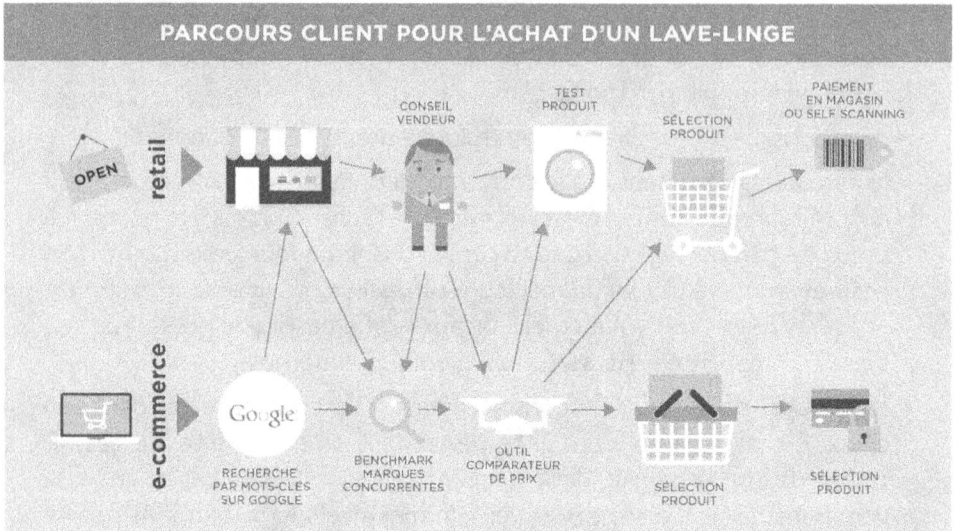

PARCOURS CLIENT POUR L'ACHAT D'UN LAVE-LINGE

Source : Digitas

L'étude iConsumer Research de McKinsey confirme qu'en fonction des types de produits, les consommateurs effectuent prioritairement certaines recherches. Pour les équipements électroniques, 27 % des acheteurs visitent des sites de concurrents. Pour les produits d'hygiène et de beauté, ils ne sont que 11 % ; 32 % des acheteurs de produits électroniques vont chercher des conseils complémentaires notamment ceux des vendeurs, quand ils sont 41 % pour les produits d'hygiène et de beauté.

Modulo ces disparités par type de produits, la notion de web-to-store (rechercher en ligne et acheter en boutique), comprise comme la recherche d'informations sur la Toile avant d'acheter en magasin, s'impose comme une réalité incontournable. Pour preuve, 88 % des Français[1] se renseignent sur Internet avant d'acheter en magasin (quand 69 % d'entre eux font le chemin inverse : ils vont voir en magasin avant d'acheter sur Internet — le store-to-web, se rendre en magasin et acheter en ligne).

Ce web-to-store impacte nécessairement la manière dont le consommateur va considérer le magasin qui, en conséquence, va devoir s'adapter à un parcours d'achat de plus en plus digital.

---

1. Source : Digitas.

Ainsi, selon l'étude *LSA* web-to-store Noël 2013, lorsque les internautes vont en magasin, c'est pour :

- gagner du temps pour 29 % d'entre eux ;
- accéder rapidement au produit pour 27 % d'entre eux ;
- sécuriser le paiement du produit pour 24 % d'entre eux.

Il en résulte nécessairement un besoin de refonte du magasin.

Le web-to-store va donc initier le web-instore, compris comme l'ensemble des outils digitaux utilisés en magasin pour transformer l'expérience client, et la faire correspondre aux nouvelles attentes des consommateurs. C'est le magasin connecté.

Il n'y a plus d'un côté, le magasin web, de l'autre le magasin physique, mais bien un seul et même espace de vente dans un univers connecté pour accroître le niveau de service offert aux clients.

CAS

LA DIGITALISATION DES POINTS DE VENTE DE VERIZON

La marque américaine de téléphonie mobile Verizon remodèle en 2014 ses 1 700 magasins pour s'adapter aux nouveaux modes de consommation de ses clients. Elle supprime toutes les caisses et refond la disposition de l'espace de vente.

Les téléphones – ce que vend Verizon – sont relégués dans le fond du magasin, sur les murs. Les présentoirs à l'entrée ne mettent plus en avant que les accessoires (aux marges plus importantes). Des écrans plats renvoient aux quatre coins du magasin des vidéos des produits star. Des tablettes permettent ici et là de s'informer.

L'espace libéré est restructuré d'un côté en zone de test des produits, et de l'autre en espace de discussion où les clients recueillent les conseils de vendeurs « augmentés », formés et dotés de tablettes pour les aider à mieux vendre et à mieux gérer les demandes clients.

Tout dans le nouveau magasin, Verizon est pensé pour aider le consommateur à mieux connaître les fonctionnalités de son appareil, à maîtriser de nouveaux services... payants.

En repositionnant ses magasins et en redéfinissant le rôle des vendeurs, Verizon entend augmenter le niveau des ventes additionnelles, accroître

> l'usage des appareils vendus et le niveau de services associés, donc *in fine* ambitionne de faire progresser le revenu moyen par utilisateur.
>
> Par ailleurs, ce nouveau type de magasin permet à la marque d'engager une réelle discussion avec le consommateur et de se différencier par rapport à ses concurrents.

Résultat : un nouveau parcours client avec de nouveaux outils dans et en dehors du magasin qui présentent une opportunité d'augmentation du chiffre d'affaires pour les distributeurs, par la vente additionnelle, la couverture plus étendue des clients et la stimulation de la fréquence de visite du point de vente...

Ce que confirme l'étude iConsumer McKinsey au Royaume-Uni : les clients omnicanaux dépenseraient en moyenne deux fois plus que les clients qui se rendent uniquement en magasin.

Mythes et réalités du commerce digital

Fin 2013, l'ordinateur reste toujours l'appareil numéro un pour accéder à Internet, même si de plus en plus de Français reconnaissent avoir fréquemment utilisé un autre appareil pour accéder à Internet : 57 % *via* un smartphone, 68 % *via* leur tablette.

En utilisant les potentialités de ces nouveaux moyens de communication, l'e-commerce devrait considérablement augmenter en France, passant de 37 milliards d'euros fin 2013 à 62 milliards d'euros en 2015[1]. Et le panier moyen exploser. Aujourd'hui, le digital shopper français dépense en moyenne 90 euros par commande variant de 22 euros pour les produits culturels à 311 euros pour les voyages. Si en 2014, les internautes plébiscitent les voyages et le tourisme (ainsi, près de 6 internautes sur 10 ont acheté un voyage ou un billet de transport sur Internet au cours des six derniers mois), les services et les produits culturels, la plus forte croissance serait réalisée dans les trois années à venir dans la vente en ligne d'aliments et de boissons (aujourd'hui plus de 1 internaute sur 5 a acheté des produits d'alimentation et de grande consommation sur le Web), ainsi que les produits de beauté.

---

1. Source : Ipsos.

La croissance de l'e-commerce serait donc portée dans les années à venir par les marques digitales des grands distributeurs traditionnels, spécialisés sur les produits de grande consommation.

Pour d'autres, cette croissance de l'e-commerce ne serait pas automatique.

Certains analystes constatent d'abord une crise de la consommation digitale: les internautes passent de plus en plus de temps à chercher le bon produit et le bon prix, laissant de moins en moins de place à l'impulsion dans la motivation d'achat. Avec pour conséquence de plus en plus de réflexion dans leurs achats, de plus en plus d'achats différés, de plus en plus d'achats sur des plates-formes différentes, et, ainsi, un panier moyen dont la valeur décroît mécaniquement.

D'autre part, l'impossibilité de négocier en ligne pourrait à terme repousser certains consommateurs vers la distribution physique, où ils peuvent obtenir des rabais, rediscuter les prix.

Par ailleurs, les foyers moyens et à bas revenus ont de plus en plus accès au commerce digital, sans le pouvoir d'achat des premiers consommateurs digitaux, plus aisés, amenant de fait à une baisse de la valeur du panier.

Une autre explication tient à la maturité du secteur qui entraînerait le panier vers le bas. On voit déjà que le panier moyen français a tendance à décroître sur les trois dernières années[1], passant de 95 euros au premier trimestre 2010 à 80 euros au troisième trimestre 2013.

Cela peut se comprendre si l'on considère que l'achat en ligne s'est banalisé. Le consommateur consomme sur Internet de plus en plus de produits à faibles coûts, auxquels il n'avait pas accès précédemment. Phénomène encore plus amplifié par la montée en puissance des marketplaces: le marchand communiquant sur des produits d'appel, eux aussi à faible coûts. Ainsi, fin 2013, lorsque l'on va sur Bike.com, le premier produit mis en avant est une lampe à 18,69 dollars bénéficiant d'une promotion de 15 %, là où il y a quelques mois encore on y aurait trouvé différents modèles de bicyclettes à plus de 150 dollars...

De plus, les consommateurs se sont adaptés à la consommation online et ont appris à ne plus succomber automatiquement aux offres cross-selling («achète ce tee-shirt, tu auras − 25 % sur ce serre-tête») et aux diverses promotions habilement disposées par les marchands pour augmenter le panier.

---

1. Source: JDN.

À cette arrivée à maturité du secteur s'ajoutent un certain nombre de tendances logistiques qui pèsent lourd sur le montant moyen des achats en ligne. Ainsi, comme les frais de port sont de plus en plus souvent offerts, les acheteurs hésitent moins à disperser leurs achats en ligne plutôt que de les regrouper en une grosse commande (ce qui, au passage, pose un problème de marge au distributeur), émiettant *de facto* leurs paniers.

L'effort porté par la distribution pour reprendre des parts de marché sur le digital a lui aussi impacté le panier moyen. Les achats de produits de grande consommation, bon marché, explosent : un Kiabi va proposer des tee-shirts à 2 euros sur son site et venir préempter tout un segment de clients dont la valeur du panier moyen va, en conséquence, baisser. Pour ne pas perdre trop d'influence, les concurrents de Kiabi s'adaptent. Le cycle déflationniste est alors enclenché pour le plus grand bonheur du consommateur, mais au détriment de la valeur.

Dans un environnement omnicanal, pourquoi les règles qui se sont histo-riquement appliquées à la distribution traditionnelle ne s'appliqueraient-elles pas au commerce digital ? Finalement, la spirale baissière est logique dans un univers où e-commerce et commerce ne font plus qu'un. Il est normal que le panier moyen « digital » se rapproche du panier moyen « phy-sique ». Au Royaume-Uni, où les retailers sont très présents dans le digital, et qui est un univers plus mature que le marché français, le panier moyen s'est déjà stabilisé à 45 livres sterling (soit 54 euros) hors voyage et billet-terie au premier trimestre 2013[1].

La baisse du panier moyen français semble donc inéluctable. Néanmoins, l'augmentation de la fréquence d'achats lui n'est pas impossible, surtout si les prix online restent bas. Et, à n'en pas douter, sur quelques segments, ils vont rester bas, notamment parce que les pure players ne répercuteront pas des coûts de structure massifs sur les produits aux plus hauts prix.

Et puis il y a le rôle que va jouer la macroéconomie dans le comportement d'achat et le développement du commerce digital.

On l'a vu, le consommateur recherche toujours le prix bas. Et dans un contexte de crise économique, l'envie de consommer a tendance à s'ef-friter. Le consommateur doit d'abord régler ses problèmes quotidiens. Si l'alimentation, la santé, les transports et les télécoms ne devraient pas voir

---

1. Source : IMRG.

dans les prochaines années leur périmètre économique se réduire, les prévisions pour les autres besoins sont à la baisse, impactant automatiquement leurs distributeurs. Pour preuve, 87 % des Français entendent limiter leur consommation à ce qui est vraiment utile, voire essentiel dans les années à venir[1].

Face à cette baisse du pouvoir d'achat, les consommateurs vont adopter des réponses nouvelles : le troc, la reprise de biens d'occasion, le « faire soi-même », en rétablissant un lien direct avec les producteurs ou en créant des liens de partage entre usagers.

À titre d'exemple, déjà, en 2013, 29 % des Français se disent prêts à partager des produits de jardinage plutôt qu'à les acheter.

Confronté à des contraintes budgétaires fortes et acteur d'une révolution numérique qui bouleverse les modes de consommation, le consommateur risque de consommer en mode alternatif.

Le consommateur est désormais en mesure de se connecter et d'acheter partout, où qu'il soit, à n'importe quel moment. C'est l'avènement définitif de ce que certains appellent l'« omnicommerce », et qui n'est en fait qu'un seul et même commerce par différents moyens.

De fait, cet avènement oblige les enseignes à repenser leur modèle :

- au niveau du concept, et à développer un avantage concurrentiel au niveau de l'interface consommateur ;
- au niveau des flux (flux physiques, flux financiers et flux d'information), dans une logique de réduction des coûts ou de création de valeur ajoutée à moyens constants (ou inférieurs), tout en améliorant le niveau de service ;
- au niveau de l'organisation et de l'adaptation des modes de fonctionnement internes ;
- au niveau des relations commerciales et de la transformation de la structure de l'offre ; donc de leurs rapports avec l'écosystème (fournisseurs, sous-traitants...).

La digitalisation de la marque/enseigne est nécessaire car le changement de paradigme technologique :

- fait évoluer le consommateur ;

---

1. Source : Cetelem.

- donne des pouvoirs nouveaux à des acteurs nouveaux, abaisse les bar-rières à l'entrée, et casse les hiérarchies concurrentielles existantes;
- est en avance sur les régulateurs (français et européens) qui peinent à réglementer, et à apporter des réponses locales à des réalités qui sont désormais globales.

Se positionner aujourd'hui sur le digital est le seul moyen de s'adapter au mouvement de destruction/création en cours. Plus que nécessaire, c'est indispensable à la survie de la marque/enseigne.

CHAPITRE 2

Comment digitaliser le point de vente

EN LISANT CE CHAPITRE, VOUS MESUREREZ
LES DIFFÉRENTS ENJEUX DE LA DIGITALISATION
DU MAGASIN:

- *enjeux de marque: créer de l'expérience et simplifier le shopping*
- *enjeux de présence: générer du trafic en magasin et déporter l'offre dans les flux*
- *enjeux de chiffre d'affaires: augmenter le panier moyen et déclencher la conversion*
- *enjeux de connaissance client: générer le Big Data et gérer la fidélité*

IL Y AURA:

- *des statistiques*
- *des études de cas*
- *des analyses*
- *des définitions*
- *des conseils*
- *des innovations technologiques*

ET SI L'ON NE DEVAIT RETENIR QU'UNE CITATION:

«Innovation distinguishes between a leader and a follower.»

«La capacité d'innovation distingue le leader du suiveur.»
Steve Jobs

La consommation omnicanale

Hier, le client devait acheter uniquement en magasin et était tributaire du bon vouloir des marques en matière de prix, d'offre et de service. Aujourd'hui, grâce à Internet et à la multiplicité des interfaces (mobile, tablette, écran connecté), le consommateur peut consommer à n'importe quel moment, n'importe où et sur n'importe quel support (*«anytime, anywhere, on any device»*).

C'est ainsi que l'on assiste à l'émergence d'une nouvelle forme d'expérience d'achat, l'omnicanal, qui peut être définie comme la capacité d'offrir au client une expérience de marque intégrée, optimisée et continue quel que soit le support utilisé, lui permettant de passer d'un support à l'autre de façon fluide et sans perte d'information.

De fait, bénéficiant d'une même information sur tous les équipements partout où il est, le client omnicanal, très informé, passe d'un statut de consommateur amateur à celui d'expert. En conséquence, il devient beaucoup plus volatile car il peut suivre de multiples parcours d'achat, dans une démarche web-to-store ou store-to-web.

Ainsi, dans la France de 2014, le consommateur est toujours plus connecté et actif sur les supports numériques. Il utilise quotidiennement 2,64 devices connectés[1]. Dans son processus d'achat, pratiquement, le consommateur français commence une recherche sur Google, puis navigue sur son smartphone, va voir le produit en magasin, compare les prix et les opinions sur des sites dédiés, avant de se forger une idée et d'acheter le produit sur le canal le plus pratique pour lui.

Le consommateur, en perpétuel mouvement et toujours plus connecté, change en permanence sa manière d'acheter. Ses nouveaux besoins créent de nouveaux paradigmes en matière de shopping: l'expérience n'est plus liée à un canal en particulier, mais se crée en de multiples points de contact.

En face de ce client omnicanal extrêmement volatile et infidèle, qui, dépense jusqu'à 50% de plus qu'un client monocanal[2], le distributeur doit savoir anticiper les envies du client, ce qui passe par l'analyse des comportements d'achat à travers l'ensemble des informations recueillies *via* les réseaux sociaux, les visites de sites web, ou encore par son parcours d'achat en boutique (la carte

---

1. Source: Digitas – Vivaki 2014.
2. Source: Deloitte on retail – 2013.

de fidélité...). Il s'agit de bien connaître le consommateur, donc de bien analyser la donnée recueillie et d'en retirer une synthèse pertinente pour lui délivrer une expérience sur mesure (des offres promotionnelles, un contenu *ad hoc* en rapport avec ses centres d'intérêt...), une expérience d'achat fluide, personnalisable et continue qui le place au centre de la stratégie de distribution.

D'autres attentes consommateurs ont, par ailleurs, été énoncées par Jill Puleri[1], l'expert retail d'IBM. Ceux-ci apprécieraient une cohérence de prix entre les différents canaux, la capacité de pouvoir faire livrer les produits non disponibles en magasin à domicile. Ils plébisciteraient le suivi d'une commande sur le site web du distributeur, l'accès à l'ensemble de la gamme sur l'ensemble des points de contact, et la capacité de pouvoir retourner au magasin un produit acheté en ligne.

La transformation de la distribution vers l'omni-retail

Selon la National Retail Federation[2], à l'horizon 2020, 15 % du chiffre d'affaires global de la distribution sera réalisé en ligne. Le chiffre d'affaires du commerce mobile aura triplé.

Le nombre d'outils connectés aura dépassé les 50 milliards d'unités pour plus de 6 milliards d'abonnés mobiles (soit 87 % de la population mondiale). Autant de tendances qui ne peuvent qu'accélérer la révolution du retail traditionnel vers une expérience marchande de plus en plus holistique, où le consommateur ne sera plus en recherche d'un canal en particulier, mais de la marque désirée sur le canal le plus accessible pour lui, au meilleur moment pour lui.

La question, pour un distributeur, n'est donc plus de choisir sur quel point de contact exister, mais de savoir comment se déployer sur tous les points de contact, de manière cohérente et efficace sans se cannibaliser : l'expérience marchande n'étant plus uniquement en magasin, mais la somme de toutes les expériences vécues avec la marque et/ou le distributeur sur tous les supports possibles (site e-commerce, m-commerce, magasin, etc.).

La notion de temps réel et d'instantanéité devient également une pierre angulaire de l'acte d'achat : on « bookmarke » sur mobile après un stimulus

---

1. Source : IBM « *Consumers are asking for tomorow, today* », 2014.
2. N. Webster, General Manager, Oracle.

presse, on repère un produit sur Facebook et on l'achète sur une plate-forme marchande... Il n'y a donc plus un seul parcours d'achat linéaire, cadencé par un ensemble de points de contact formatés.

De fait, la génération de trafic en magasin n'est plus une fin en soi.

Dans le monde d'avant, les distributeurs considéraient que lorsqu'un client avait passé le seuil du magasin, le plus gros du travail avait été fait. Dans le commerce connecté, ce n'est plus vrai. Parce que sont apparus le ROPO et le show-rooming.

Le ROPO est le phénomène qui consiste à utiliser Internet (Web, mobile, tablette) pour préparer ses achats en magasin. Ce phénomène est massif[1] avec 92 % des Français qui recherchent les produits en ligne avant un achat en magasin. Cet effet ROPO est différent d'une catégorie de produits à l'autre. Les catégories les plus influencées par Internet aujourd'hui sont la high-tech, la culture et les biens ménagers. Demain, ce sera l'alimentation, la mode, la décoration d'intérieur[2].

La notion de show-rooming consiste à utiliser les magasins comme sources d'information, pour aller ensuite acheter ailleurs les produits.

Elle se développe rapidement en parallèle des usages mobiles. Ainsi, en France, 18 % des consommateurs ont déjà changé d'avis en magasin à la suite de la consultation de leur mobile.

CAS

AMAZON, GÉNÉRATEUR DE SHOW-ROOMING

Amazon est sûrement un des accélérateurs du phénomène du show-rooming. Amazon, le géant de l'e-commerce mondial, a une grosse faiblesse : il ne dispose pas de réseau physique. Qu'importe ! En 2011, Amazon lance Price Check, une application permettant de scanner n'importe quel code-barres en magasin et d'afficher le prix (souvent plus compétitif) d'Amazon. La promesse du pure player digital est claire : « Le monde des magasins physiques est mon show-room, allez-y, touchez les produits, essayez-les, mais achetez chez moi. » Amazon offrait même un discount de quelques dollars à chaque check de manière, d'une part, à remercier l'utilisateur pour le relevé de prix réalisé pour son compte et, de l'autre, pour le convaincre d'acheter chez lui.

1. Source : Digitas – Vivaki 2014.
2. Source : Forrester Research 2013.

Rapidement, les retailers américains ont porté plainte pour concurrence déloyale, puis ont tenté de contourner cette menace (suppression des codes-barres, demande aux fournisseurs de produire des références produits uniques non comparables...).

En 2014, la nouvelle application Amazon Flow va encore plus loin. Il suffit de scanner le produit lui-même (sans même scanner un code-barre) pour l'acheter en un clic.

Amazon est le grand gagnant du show-rooming aux États-Unis : 57 % des show-roomers achètent leur article chez Amazon, notamment quand ils sont chez Best Buy (24 %), Walmart (22 %) et Target (9 %).

Tous les secteurs d'activité ne sont pas tous touchés avec la même amplitude par ce phénomène. Les secteurs les plus directement impactés sont ceux où la compétition digitale est féroce : high tech, biens culturels, automobile, mode et alimentaire.

Dans l'automobile par exemple, de très nombreux prospects vont toucher et conduire une voiture chez le concessionnaire, puis aller l'acheter sur un site de mandataire. Nombreux sont les exemples de prospects, en concession, montrant les prix des mandataires et demandant le même rabais au concessionnaire.

Dans le cadre du show-rooming, la composante prix est fondamentale : 31 % des consommateurs français se détourneraient de l'achat en magasin dès 5 % de différence de prix constaté, notamment par rapport aux prix online[1]. Pour une différence de prix de 10 %, ils seront 69 % à quitter le magasin, pour une différence de prix de 15 %, 82 %, et si le différentiel prix atteint 20 %, 92 % des consommateurs français renonceront à l'achat en magasin[2].

En réponse au show-rooming, les enseignes et les marques doivent proposer en magasin des points de contact digitaux pour permettre aux consommateurs de valider leur intention d'achat et ne pas les laisser partir à la concurrence.

Regardons attentivement la stratégie show-rooming déployée par Walmart.

« *We embrace show-rooming.* » La phrase du CEO de Walmart est très claire. Le comportement show-rooming va devenir la norme ; du coup, au

---

1. Source : Digitas – Vivaki 2014.
2. *Idem.*

lieu de la combattre, il faut l'intégrer. Pour ce faire, Walmart a développé de nombreuses applications, des services consommateurs et installé le Wi-Fi dans la plupart de ses magasins.

L'application phare de Walmart propose deux modes de fonctionnement : «hors magasin» et «en magasin». Le premier mode vise à attirer les clients dans un point de vente et propose le m-commerce. Le second mode est activé lorsque l'utilisateur passe à proximité d'un magasin et reçoit une notification push l'incitant à passer en mode «instore». S'il accepte, l'application lui propose un ensemble de fonctionnalités telles que la liste des courses, le scan produits, les emplacements d'articles en magasin, les promotions, la recherche de produits. Elle offre à l'utilisateur un prospectus intelligent sur la semaine en cours, avec une mise en valeur des nouveautés.

Walmart fait le pari que les services proposés amèneront une valeur ajoutée réduisant le risque de show-rooming. Selon Walmart, 10 % des ventes en ligne sont réalisés par l'application mobile utilisée en mode magasin. Les clients qui utilisent l'application Walmart font une moyenne de deux visites supplémentaires en magasin par mois et dépensent 40 % de plus par rapport aux non-utilisateurs de l'application.

La réponse de Walmart est claire : accroître la surface du digital dans le magasin pour contrer le show-rooming. On parle de digital instore.

Le digital instore, accélérateur de nouvelles stratégies magasin

L'étude Digitas Vivaki 2014 confirme que le magasin reste le point de contact privilégié des consommateurs français (même s'il perd chaque année un petit peu plus de terrain face à la vente sur Internet). Ceux-ci préfèrent se déplacer en magasin plutôt que consommer en ligne en priorité pour :

- voir et essayer le produit : 69,2 % ;
- utiliser les programmes de fidélité du magasin : 58 % ;
- l'expertise et les conseils des vendeurs : 47,8 % ;
- vérifier les prix et les stocks : 42,9 % ;

- la décoration/l'ambiance : 23,5 % ;
- les services à disposition : 21,8 %.

Le magasin reste donc un point de contact important, mais il doit se moderniser, proposer des outils digitaux et mobiles pour, à la fois, enrichir l'expérience marchande de la marque et favoriser l'achat. Ce sera offrir par exemple du Wi-Fi et proposer ses applications mobiles au sein de son propre espace de vente. Sinon le client ira de lui-même se connecter aux points de contact concurrents. Gardons en effet à l'esprit que 80 % des consommateurs connectés américains utilisent le Wi-Fi dans les magasins en 2013[1]. Ne pas en avoir en magasin quand on est un distributeur américain est véritablement suicidaire en terme commercial.

Ou encore proposer de la géolocalisation indoor pour simplifier le shopping et indiquer au client où se trouve le produit qu'il recherche, l'inciter à la vente par des offres promotionnelles en temps réel...

FOCUS

GÉOLOCALISATION INDOOR

La géolocalisation indoor est un ensemble de technologies permettant de reproduire un système de localisation GPS à l'intérieur des bâtiments afin de localiser les visiteurs, leur offrir des services et les cibler par des offres commerciales.

Avec la géolocalisation indoor, votre mobile va pouvoir vous amener directement au rayon de votre choix (par exemple le rayon moutarde) et déclencher automatiquement une offre promotionnelle quand vous serez devant la marque de moutarde que vous préférez pour vous inciter à l'acheter.

Des sociétés françaises sont, à ce propos, très à la pointe sur ces nouveaux services : Pole Star, Closycom, Insiteo...

On le voit, poussé par les comportements des consommateurs et les avancées technologiques, le magasin est appelé à se transformer. Cela se fait petit à petit, chacun avec sa méthode puisque les distributeurs sont à différents niveaux de maturité : certains passant par des étapes de prototypage, de

---

1. Source : Emarketer 2013.

«*test and learn*», d'autres décidant de restructurer dans un premier temps leur système d'information, d'autres encore réorganisant l'ensemble de leurs services pour faire évoluer les silos. Au global, l'impression laissée est celle d'un vaste chantier.

Sur le terrain, les retailers doivent faire face à quatre enjeux :

- des enjeux de marque, ou comment créer une expérience mémorable à la fois dans une optique expérientielle et servicielle pour le client ?
- des enjeux de présence, ou comment créer du trafic en magasin dans un contexte de manque d'attention et de temps du consommateur ?
- des enjeux de chiffres d'affaires, ou comment augmenter les dépenses moyennes du consommateur, le taux de conversion et le taux de satisfaction client ?
- des enjeux de connaissance du client, ou comment affiner le ciblage à travers une meilleure connaissance des préférences et des intérêts du consommateur ?

Marque	Présence	Chiffre d'affaires	Client
Créer de l'expérience	Générer du trafic en magasin	Augmenter le panier moyen des visiteurs	Big Data
Simplifier le shopping	Déporter l'offre dans les flux	Déclencher la conversion par les outils vendeurs et le digital média	Programme de fidélité

Enjeu n° 1 : créer de l'expérience

Dans un contexte où l'économie de l'attention devient une variable clé dans l'expérience consommateur, le digital permet de développer une approche «retailtainment» qui vise à réhumaniser la relation avec la cible et à offrir une expérience de marque unique. La combinaison du retail et de l'entertainment crée des expériences immersives. Par expériences immersives, on entend bien sûr classiquement des expériences visuelles (*ie* la décoration, le design, l'architecture, etc.), sonores (*ie* musique, bande-son originale, etc.), olfactives (*ie* odeur spécifique à un lieu), tactiles (*ie* toucher, vivre le produit) ou verbales (*ie* discuter, échanger avec le vendeur, être conseillé).

Mais aussi une nouvelle expérience, enrichie, qui intègre le meilleur de ce que permet le digital, et capable de provoquer différents types d'émotions.

L'émotion personnalisée

Ce sont des contenus/services qui réenchantent et personnalisent la relation avec les cibles, la renforcent et la pérennisent.

Une marque comme Disney a très bien su capter cet enjeu en développant un bracelet NFC au cœur de ses parcs d'attractions, qui délivre à la fois une réponse émotionnelle et une réponse innovante autour des services. En effet, ce bracelet permet de réduire le temps passé à faire la queue aux attractions, d'interagir avec les personnages Disney, de poster des photos sur les réseaux sociaux, de préréserver et d'accéder aux attractions, de verrouiller et de déverrouiller les chambres d'hôtel et d'effectuer des paiements à des terminaux de point de vente spécialement conçus.

Le digital permet de répondre au désir propre du consommateur de se créer un modèle unique, un produit, un mode de consommation qui correspond parfaitement à ses goûts, à ses envies.

CAS

SPORTCHECK ET LA PERSONNALISATION DES PRODUITS SPORTIFS

Pour susciter l'esprit de dépassement chez ses clients, la marque canadienne Sportcheck propose de calibrer en magasin ses accessoires sportifs directement *via* une tablette interactive à la disposition des clients.

Le concept :
- ce magasin de sport, dont l'esprit est le dépassement de soi, propose de customiser un certain nombre d'articles de sports ;
- des écrans tactiles sont accessibles aux clients dans le magasin ;
- le client peut en toute autonomie personnaliser son vêtement et aller jusqu'à commander et à régler le produit directement sur l'écran.

Résultats : plus de 10 % des ventes proviennent directement des écrans tactiles.

L'émotion de marque

Faire du magasin une scène dans laquelle le client devient acteur et vit une expérience unique et différenciante.

La raison première de se rendre en magasin est de vivre une expérience du produit que le consommateur ne peut vivre sur Internet : pouvoir le prendre en main et le tester.

Selon l'étude de l'Observatoire Cetelem 2014, plus des trois quarts des Européens (77 %) estiment que les « aider à découvrir le fonctionnement des appareils qu'ils viennent acheter » les inciterait à fréquenter davantage les points de vente physiques.

Le digital peut aider à accentuer cette prise en main et cette découverte du produit, notamment grâce aux nouvelles technologies que sont les hologrammes, la réalité augmentée, la RFID ou encore la technologie Kinect.

FOCUS

RÉALITÉ AUGMENTÉE ET RFID

La réalité augmentée désigne les systèmes informatiques qui permettent de superposer des images virtuelles en 3D ou en 2D sur la perception que nous avons naturellement de la réalité (capturée par une caméra) *via* un écran, et ceci en temps réel.

Après avoir testé la mécanique dans plusieurs pays, le catalogue 2014 d'Ikea France propose les solutions de réalité augmentée permettant d'afficher en surimpression du catalogue un meuble de son choix en 3D sur son smartphone.

▶ **POUR EN SAVOIR PLUS**
– http://youtu.be/oKNNKknVZhQ

La radio-identification, ou RFID, est une méthode pour mémoriser et récupérer des données à distance en utilisant des marqueurs appelés « radioétiquettes », qui peuvent être collés ou incorporés dans des objets ou des produits. Ces radioétiquettes interagissent avec des récepteurs pour leur transmettre les informations qu'elles contiennent et peuvent recevoir les requêtes qu'ils émettent.

Le digital devient ainsi un média chaud car il rend le client « acteur » de son expérience avec la marque en point de vente. L'émotion se crée parce que son expérience est sur mesure, interactive, et parce qu'*in fine* le consommateur vit quelque chose d'unique avec la marque.

Burberry, avec le lancement de son flagship à Londres, a réussi à faire vivre son concept de «Burberry World» aussi bien offline qu'online, rendant cette expérience la plus complète et continue possible. On y retrouve ainsi une multitude d'écrans digitaux qui fournissent un contenu de marque varié (événements live, vidéos, photos, musique). Par ailleurs les produits prennent une nouvelle dimension grâce aux puces RFID qui y sont intégrées et qui, en se connectant avec les miroirs, proposent des informations supplémentaires.

CAS

AUDI CITY OU LA CONCESSION TECHNOLOGIQUE

La marque automobile allemande a digitalisé une de ses concessions pour toucher un public très londonien, CSP+ et technophile avec des résultats probants.

Le concept :

- Audi City à Londres est une concession sans voiture centrée sur la technologie et la personnalisation. Sur une surface réduite, les prospects peuvent configurer le modèle de leur choix ;
- à l'aide d'écrans géants à reconnaissance de mouvements, la marque présente l'intégralité de sa gamme et les options de personnalisation ;
- une fois la configuration réalisée, l'hôtesse la transfère sur une clé USB, par liaison sans contact, en la faisant glisser au-dessus de la table tactile. Muni de cette clé, le client part négocier le prix dans le bureau du vendeur, lui aussi équipé d'une table tactile et d'un écran géant.

Résultats :

- 1 heure en moyenne par visiteur ;
- 70 % des acheteurs achètent sans test drive ;
- +58 % de ventes par rapport à une concession classique ;
- 94 % des particuliers conquis acquièrent pour la première fois une Audi.

▶ POUR EN SAVOIR PLUS
– http://youtu.be/GDdPN6mVLPM

L'émotion humanisée

Au centre de la relation entre le client et la marque il y a le vendeur qui peut être vecteur d'émotions parce qu'il a une connaissance enrichie du consommateur et qu'il peut donc lui offrir conseils et services personnalisés.

CAS

SEPHORA ET LA RECOMMANDATION PRODUIT PILOTÉE PAR LES VENDEUSES

Le distributeur de produits cosmétiques offre à ses conseillères de vente la possibilité de faire des recommandations personnalisées aux consommatrices.

Le concept :

- s'appuyant sur un programme CRM riche de plus de 10 millions de clients, l'application permet aux conseillères de proposer un service personnalisé aux détentrices de la carte de fidélité ;
- en scannant la carte de fidélité du client (ou en tapant son nom) sur iPod, la vendeuse connaît immédiatement ses coordonnées, ses marques préférées, le panier moyen et les offres promotionnelles qui peuvent lui être accordées. Grâce à un moteur algorithmique basé sur les derniers achats offline et online, le système permet de proposer des produits complémentaires ou de racheter ses produits habituels.

Résultats :

- 84 % des clients jugent le dispositif MySephora moderne et innovant ;
- 74 % le considèrent comme un élément de différenciation ;
- 62 % estiment qu'il rapproche Sephora de ses clients ;
- Sephora l'a industrialisé en France et le déploie à l'international.

Le digital bouleverse la création de valeur en point de vente en redéfinissant l'expérience offerte, qu'elle soit purement émotionnelle ou extrêmement innovante ou les deux à la fois.

Toutefois, il ne s'agit pas non plus de tomber dans un angélisme béat autour du digital, ni de faire de la surenchère. Pour preuve le peu de succès des Tweet Mirrors – ces bornes interactives qui permettent aux shoppeurs de se connecter aux réseaux sociaux pour demander l'avis de leur communauté autour d'un produit, de se prendre en photo et de l'envoyer en SMS ou par e-mail – et des QR codes en magasin – ces codes-barres 2D qui permettent d'accéder à du contenu en les scannant.

Enjeu n° 2 : simplifier le shopping

L'expérience d'achat à l'Apple Store, où le consommateur est encaissé directement par un vendeur équipé d'un iPhone acceptant les cartes bleues, est marquante. Elle positionne l'expérience Apple dans l'esprit du consommateur.

L'expérience de marque n'est pas forcément recherchée par le consommateur, mais les expériences nouvelles autour du shopping, l'apport de nouveaux services visant à simplifier l'expérience de l'achat y contribuent fortement.

L'utilisation croissante de l'e-commerce a créé de nouveaux réflexes chez les consommateurs : une facilité de recherche de produits, des recommandations de produits croisés (cross-sell et up-sell), la comparaison de produits (prix et spécifications), des promotions personnalisées. Les consommateurs recherchent en magasin des éléments différents : plus d'expérience, plus de services, plus de reconnaissance et de personnalisation, plus de rapidité, plus de choix... Finalement ils recherchent, au-delà des expériences, les avantages de l'e-commerce.

Le smartphone est la clé de voûte de cette nouvelle expérience. Il a fait basculer les comportements digitaux dans la vie réelle. Ainsi, plus de 60 % des consommateurs américains l'utilisent pour localiser un magasin, comparer les prix, sélectionner les produits, consulter leur disponibilité ou trouver des offres promotionnelles avant de se rendre en boutique, et 75 % des possesseurs de smartphones US l'utilisent en magasin[1].

L'apport de nouveaux services visant à simplifier l'expérience shopping contribue donc à l'expérience de marque. D'où la nécessité pour les retailers de créer quatre nouveaux types de dispositifs en magasin :

- des dispositifs qui enrichissent les produits : délivrer des informations supplémentaires sur le produit à des fins de réassurance pour provoquer l'achat. Ces informations peuvent être affichées soit sur

---

1. Source : Deloitte.

des écrans à côté du produit (par exemple, chez Burberry, le décrochage d'un vêtement ou le scan de celui-ci déclenche une vidéo du produit porté par un mannequin), ou par l'utilisation d'application dédiée (par exemple, certaines applications de L'Oréal permettent, en scannant le code-barres d'un produit, d'avoir accès à des démonstrations ou à des preuves scientifiques concernant l'efficacité de molécules, souvent impossibles à faire entrer sur le packaging). La start-up Shopwize a publié une application qui permet, en scannant n'importe quel produit, d'avoir accès à ses ingrédients, aux éléments nutritionnels et aux additifs ;

• des dispositifs qui proposent des produits complémentaires : les utilisateurs plébiscitent les moteurs de recommandations sur les sites e-commerce («Si vous avez aimé ça, vous aimerez ceci…»). De nombreux distributeurs testent actuellement des mécaniques permettant, par le scan d'un produit sur un écran, d'avoir accès aux produits complémentaires, le plus souvent en utilisant le moteur de recommandation de leur site e-commerce ;

• des dispositifs de recherche des produits : rien de plus énervant que de chercher des produits dans des kilomètres de linéaires. Aujourd'hui, le merchandising informatisé couplé à la technologie de GPS indoor donne la possibilité aux consommateurs de retrouver facilement le produit qu'ils recherchent ;

• des dispositifs de promotions personnalisées : le développement du couponing s'accélère avec l'essor de nouvelles technologies mobile, et notamment le NFC.

FOCUS

COUPONING ET NFC

Le couponing est une technique de promotion des ventes basée sur l'utilisation de coupons de réduction ou de remboursement partiel liés à l'achat d'un produit. Les coupons sont traditionnellement distribués avant l'achat en marketing direct, peuvent être imprimés sur le produit, ou sur le ticket de caisse. Le mobile offre la possibilité de les digitaliser.

Le Near Field Communication (NFC) est une technologie de transmission RFID qui permet d'échanger des données à moins de 10 cm entre deux supports équipés.

Le NFC existe le plus souvent sous la forme d'une puce intégrée dans des supports comme le téléphone, les cartes de paiement ou des cartes de transport public. Cette technologie permet de générer tout un ensemble d'actions : paiement mobile, échanges d'informations entre smartphones, déverrouillage des portes de son véhicule...

Ces dispositifs ont trois objectifs : fluidifier l'expérience d'achat pour éviter l'abandon des consommateurs en magasin, augmenter le panier moyen des visiteurs et accroître la satisfaction client.

Nous considérons qu'il y a trois facteurs clés pour réussir ces mécaniques :

- les outils doivent avoir un usage clair et simple pour les consommateurs et doivent être marketés en magasin. En effet, les consommateurs ne vont pas utiliser ces nouveaux outils s'ils ne sont pas accompagnés ni incités ;
- une convergence online et offline est obligatoire pour créer de nouveaux réflexes consommateurs ;
- le magasin doit disposer d'infrastructure technique permettant le déploiement de ces nouvelles fonctionnalités (Wi-Fi, bornes et écrans, etc.).

CAS

LE MAGASIN CONNECTÉ DARTY DU CENTRE BEAUGRENELLE

L'objectif du distributeur est de fluidifier l'expérience d'achat en valorisant le produit, en présentant la diversité et l'étendue de l'offre pour contrebalancer le risque de show-rooming.

Le concept

Au sein du nouveau magasin à Beaugrenelle la marque déploie une pluralité de dispositifs digitaux :

- à l'entrée du magasin, un mur de consignes permet au client de récupérer son produit rapidement. Il entre le code reçu par SMS puis récupère son article dans un casier ;
- sur l'une des six bornes, le client peut consulter le catalogue, comparer les produits, les ajouter à ses favoris, mais aussi appeler un vendeur connecté *via* sa tablette ;

- les 40 vendeurs sont équipés d'une tablette NFC géolocalisée qui remplit plusieurs fonctions (catalogue, gestion des stocks, paiement, connexion avec les bornes, etc.) ;
- pour donner plus d'informations, Darty a imaginé des écrans de présentation d'appareils au rayon photo. Il suffit d'appuyer sur le bouton « Cliquez pour me découvrir ».

Les nouvelles technologies telles que la géolocalisation indoor, l'identification consommateurs et la personnalisation temps réel vont affiner la capacité de ciblage en linéaire et de nouveaux points de contact ciblés risquent d'apparaître. Déjà, Tesco scanne le visage des clients faisant la queue aux caisses de ses stations-service et diffuse en temps réel des publicités personnalisées susceptibles d'intéresser la cible sur des écrans à proximité.

RETOUR VERS LE FUTUR

LES TECHNOLOGIES
DE RECONNAISSANCE FACIALE

Les technologies de reconnaissance faciales peuvent apporter aux marketeurs un nouveau champ des possibles, mais font également se poser de nombreuses questions quant à la gestion de la vie privée.

Fondé en 2006, Quividi a été précurseur dans l'élaboration des solutions d'analyse d'images permettant de quantifier de manière anonyme le comportement de passants dans la vie réelle et de mieux les engager. Sa technologie de détection et de classification de visages en temps réel peut ainsi dénombrer les passants dans une scène, leur démographie (âge, sexe...) et fournir des informations spécifiques comme leur position dans l'espace, leur temps de présence ou leur attention globale à un message, à une PLV, à un produit exposé...

Ces données sont ensuite utilisées en temps réel afin de créer les conditions environnementales optimales (multimédia, ambiance...) et les messages les plus pertinents tant sur le fond que sur la forme, susceptibles d'avoir un plus grand intérêt pour le spectateur.

Les statistiques produites sont également analysées dans le temps par rapport à des comparables (par industrie, par pays...) et permettent de quantifier l'efficacité d'une campagne marketing, de valoriser un espace d'affichage auprès d'annonceurs potentiels, de prendre les meilleures décisions quant à l'organisation d'un magasin, d'améliorer la communication avec le client et donc au final son expérience en magasin et sa loyauté à une marque.

Quividi a conçu ses systèmes en prenant en compte les risques de dérive liés à la vie privée. Ses solutions n'enregistrent jamais aucune image et ne créent pas de base de données faciales ou personnelles, ce qui explique la dénomination de « détection » faciale par opposition à « reconnaissance » faciale.

À ce titre, elles ont été auditées et approuvées par des organismes internationaux responsables du respect de la vie privée et des libertés individuelles (Cnil, etc.).

Enjeu n° 3 : générer du trafic en magasin

Dans un contexte de connectivité permanente, de temps réel, et face à un consommateur très présent sur les réseaux sociaux, il s'agit de faire du digital un activateur de trafic en boutique, avec trois pistes à exploiter. La première est l'intention sociale vers le magasin : comment capter les fans de ma page Facebook, ou diriger une intention d'achat déclarée sur les réseaux sociaux vers mes points de vente ?

La deuxième est la recherche mobile vers le magasin : sachant que 60 % des recherches mobiles sur Google sont liées à une recherche locale, il existe une opportunité formidable pour les distributeurs d'amener ces intentionnistes vers ses points de vente.

Enfin, la navigation e-commerce vers le magasin : les visiteurs d'un site e-commerce viennent tout autant acheter que préparer un achat en point de vente. Il faut donc que les distributeurs fassent converger leurs plates-formes digitales et leur réseau physique.

Premier générateur : le click and collect

Le click and collect est la mécanique permettant à un visiteur d'une plate-forme digitale (Web ou mobile) de réserver à l'avance un produit dans un magasin et d'aller le chercher physiquement. Cette mécanique intègre généralement des composants technologiques (des briques logicielles de réservation de produits, et de workflows de validation entre les consommateurs et les points de vente) et de la formation point de vente (les vendeurs doivent être formés à répondre aux internautes en temps record et mettre de côté des produits).

Selon la Fevad, le click and collect a été utilisé par 21 % des consommateurs français en 2013 contre 13 % en 2012. La plupart des retailers français sont aujourd'hui en train de l'implémenter. Ce service est proposé par de plus en plus d'univers de commerce : de la Fnac qui propose au moment de Noël de réserver les produits dans l'heure, à la chaîne de caviste Nicolas qui donne la possibilité aux consommateurs de commander une bouteille et de la mettre au frais en magasin pour eux, ou encore Cdiscount qui teste le click and collect massivement dans les magasins Casino.

En parallèle des programmes des distributeurs, de nombreux opérateurs lancent des plates-formes click and collect avec de nouveaux modèles d'affiliation web-to-store, à l'instar de SFR shopping : une application et un programme lancés par l'opérateur en 2014 pour créer du trafic en point de vente pour les enseignes clientes dont Socloz, Plyce et LeGuide.com. Cette application permet de regarder les bons plans, les stocks produits et de comparer les prix dans une zone de chalandise pour de très nombreuses enseignes. Ou encore Mappy shopping qui propose à ses utilisateurs la liste des boutiques, leurs heures d'ouverture, les bons plans et bien évidemment les coordonnées de la boutique.

Comment ça marche, le click and collect ?

1. L'internaute navigue sur le site e-commerce de la marque et clique sur « Réserver en magasin ».
2. L'internaute est géolocalisé et peut sélectionner son magasin (les produits en stock sont parfois identifiés).
3. L'internaute valide sa réservation en saisissant un formulaire (on peut parfois lui demander de payer à ce moment-là).
4. L'internaute reçoit un code SMS/e-mail avec code pour lui confirmer la commande.
5. Le magasin est notifié sur son système de caisse ou par SMS et prépare la commande.
6. L'internaute peut retirer son produit en magasin et paie sur place.

Le click and collect apporte un changement de paradigme sur le rôle des plates-formes e-commerce. Jusqu'à maintenant, le ROI d'un site e-commerce ne se calculait que sur la base du taux de conversion online (en résumé : ROI = [nombre de visiteurs x taux de conversion x panier moyen x marge moyenne des produits] − coût de fonctionnement du site − coût d'acquisition média). Aujourd'hui, le ROI d'un site e-commerce doit se calculer également sur le taux de conversion des visiteurs online et sur celui des visiteurs en magasin (en résumé : ROI = [nombre de visiteurs x taux de conversion online x panier moyen x marge moyenne des produits] + [nombre de visiteurs x taux de conversion offline x panier moyen x marge moyenne des produits] – coût de fonctionnement du site – coût d'acquisition média).

Les derniers chiffres disponibles montrent que le taux de conversion sur le click and collect est égal voire supérieur au taux de conversion en ligne[1]. Ainsi, 19 % des ventes crosscanal découlent du service click and collect[2] en 2013, et l'on prévoit qu'elles représenteront au moins un quart des transactions crosscanal en 2014.

Par ailleurs, il y a un véritable intérêt économique au click and collect : le taux de « no show » (non-récupération des produits) est relativement faible, et les consommateurs achètent généralement des produits supplémentaires lorsqu'ils sont en magasin. Ainsi, chez Bricorama, le panier moyen des e-acheteurs qui passent récupérer leur commande est 30 % plus élevé que celui des clients qui se font livrer.

Notons enfin que de nombreuses innovations sont déployées par les opérateurs pour simplifier le click and collect, à l'instar des casiers Darty et d'Amazon Lockers avec des casiers à codes. Ou encore, La Poste qui investit 50 millions d'euros pour développer un réseau de consignes automatisées destiné à la livraison et au retour de colis. L'opérateur français prévoit, *via* sa filiale Park City, de déployer 1 600 consignes sur le territoire d'ici à 2016 et 3 000 à terme dans des lieux de passage et de forte fréquentation (gares, centres-ville, centres commerciaux).

Deuxième générateur : l'indexation des stocks en ligne

Saisir le nom d'un produit sur Google et pouvoir repérer dans quel magasin il est disponible, et à quel prix, est en passe de devenir réalité. Aux États-Unis, la start-up Milo (rachetée par eBay) a indexé les stocks et les inventaires produits en temps réel d'un certain nombre de retailers américains. Exactement ce que fait, en France, la start-up Socloz.

---

1. Source : Proximis 2014.
2. Source : IMRG et CapGemini 2013.

Troisième générateur : le géofencing mobile

Le géofencing permet de surveiller à distance la position et le déplacement d'un objet grâce au téléphone mobile. Comment ça marche ? L'opérateur (ou le marchand) utilise les coordonnées de positionnement de l'utilisateur – soit par les coordonnées GPS, soit par d'autres mécanismes de localisation (RFID, triangulation Wi-Fi, IBeacon, etc.) – et définit des actions (dites « triggers ») en fonction de cette localisation.

Les utilisateurs (opt-in au service) reçoivent alors des messages sur leurs mobiles, soit par SMS[1], soit par notification si l'utilisateur dispose d'une application d'un distributeur ouverte ou tournant en tâche de fond.

La logique étant la suivante : je reçois sur mon mobile une notification personnalisée (basée sur mon historique d'achat, mon profil, mes produits favoris, etc.) dans la zone de chalandise du magasin, m'invitant à me rendre au point de vente désigné comme contrepartie. Un test a déjà été mené dans un centre commercial francilien, La Vache noire, qui utilise la technologie de Fidzup pour envoyer des alertes push sur les mobiles des visiteurs dans le périmètre du centre avant leur visite.

Cette technique – si elle n'est pas entre-temps régulée – devrait rapidement peser entre 150 et 270 milliards de dollars de chiffre d'affaires annuel[2]. Elle n'est encore qu'embryonnaire, mais on peut imaginer un certain nombre d'utilisations marketing à venir : synchronisation d'une wish-list et identification du produit recherché dans le magasin le plus proche, push marketing du magasin local, par exemple, réception de bons plans, d'alertes promotionnelles, etc., push relationnel sur la base de la carte de fidélité et du segment client. Par exemple, un client reconnu dans la base client et dont la propension à acheter des produits de beauté est identifiée pourrait recevoir des alertes personnalisées sur ces produits l'incitant à venir en magasin.

---

1. SFR est en pointe sur ce sujet avec plus de 4 millions de personnes en base opt-in.
2. Source : Emarketing 2013.

CAS

SEARS ET L'APPLICATION SHOP YOUR WAY

L'objectif pour le distributeur américain est de créer une expérience sur mesure en magasin capable de générer du trafic.

Le concept :

L'application Shop Your Way permet :

- de rechercher des produits ;
- de trouver des offres promotionnelles ;
- de gérer les récompenses ;
- d'explorer les observations et les recommandations de leurs amis.

Avec la nouvelle fonctionnalité Shop'In, les consommateurs peuvent déverrouiller des offres personnalisées à chaque fois qu'ils se « checkent in » dans un magasin Sears.

En outre, les consommateurs peuvent discuter avec leurs amis ou le personnel du magasin pour obtenir des conseils d'achats. Ils peuvent également créer et partager des catalogues personnalisés.

Quatrième générateur : la wish-list (ou shopping list) crosscanal

Les consommateurs font des shopping lists régulièrement, que ce soit dans l'alimentaire pour planifier leurs courses en GMS, ou lorsqu'ils font du lèche-vitrine sur des sites de mode. Demain, ces wish-lists couplées à des mécaniques de géofencing mobile permettront d'envoyer des notifications aux utilisateurs, dans une zone de chalandise, sur la base des produits préalablement consommés et enregistrés.

Déjà, en Angleterre, Tesco propose à ses consommateurs une digital shopping list, Tesco Finder. Les utilisateurs peuvent naviguer dans l'ensemble des produits proposés par Tesco et construire leur shopping list, la partager avec leurs amis ou la compléter lors de leur passage en magasin. Cette liste agrège l'ensemble des offres spéciales sur les produits, la disponibilité des stocks dans chaque magasin, et, couplée à des fonctions de recherche de produits par la voix, ou de GPS instore, elle simplifie le shopping des consommateurs.

Cinquième générateur : les médias digitaux géolocalisés

Ils regroupent les bannières, search local, publicités sociales (Facebook ads) et outils relationnels (SMS et e-mails).

A contrario des leviers de génération de trafic online où chaque taux de clic et les estimations de trafic sont calculés, les mécaniques média locales et les leviers de trafic/drive-to-store sont encore peu maîtrisés et exploratoires. La géolocalisation implique en effet des contraintes nouvelles, notamment en termes de ciblage et de budget.

Au final, il est encore nécessaire d'entrer dans une démarche de « test and learn ». Quels sont les KPI (Key Performance Indicators) à construire sur un plan média géolocalisé ? Comment mesurer le nombre de personnes ayant passé le pas-de-porte après avoir reçu le message publicitaire ? Quel a été le développement du chiffre d'affaires (nombre de commandes/population zone de chalandise) ? Quel est le ROI des dispositifs générateurs de trafic magasins (click and collect, coupons, etc.) ?

BOÎTE À OUTILS

L'OPTIMISATION DU SEARCH LOCAL

Le référencement local consiste à accroître la visibilité d'une entreprise pour une requête sur un moteur de recherches impliquant un critère localisé avec :

- l'optimisation du SEO local du site : la stratégie de mots-clés doit être optimisée autour de la combinaison lieu géographique et activité (par exemple : magasin enfant Lyon). Les adresses des points de vente doivent être construites de manière à bien être référencées par Google ;
- l'optimisation du SEO hors site : l'optimisation du référencement local nécessite un travail de fond sur les annuaires locaux et de lier cette présence aux pages locales de votre site. Il faut également les intégrer sur des plates-formes comme Mappy Shopping ;
- l'optimisation SEO social par l'intégration de votre marque et de vos points de vente sur les réseaux sociaux (Foursquare, Google Places, etc.) en créant des fiches locales. Les avis consommateurs laissés par les utilisateurs sur Google+ sont aussi pris en considération dans le ranking ;
- le SEA géolocalisé : les campagnes adwords permettent également de travailler sur des activités locales en rajoutant l'adresse de vos points de vente ou des numéros de téléphone.

Enfin, d'autres mécaniques sont testées pour adresser le consommateur vers le lieu de vente. Par exemple, le TV-to-store qui consiste à engager les téléspectateurs en les faisant réagir aux publicités. Ainsi, à la fin d'une publi-cité, la marque peut proposer un coupon géolocalisé à synchroniser avec son mobile. Ou encore la reconnaissance d'images pour pousser l'impul-sivité du consommateur. Tout le monde a rêvé un jour de pouvoir photo-graphier un vêtement et de trouver instantanément la marque et le point de vente le plus proche où il est vendu. Même si la technologie est encore immature, les prochaines années verront la mise sur marché d'applications mobiles capables de réaliser de telles prouesses.

L'application Flow d'Amazon en est d'ailleurs une première manifestation avec une technologie dite de « shopping-to-camera « qui reconnaît la forme et les images (packaging, logo, etc.) du produit, et propose au consomma-teur de l'acheter sur Amazon.

Enjeu n° 4 : déporter l'offre dans les flux

Les stratégies des retailers sur les emplacements et les formats de distri-bution (et les références produits par format) sont challengées par le phé-nomène du show-rooming et par la croissance du commerce électronique diminuant les marges par point de vente.

Ces distributeurs doivent ainsi faire face à de nombreux défis, le plus sou-vent contradictoires : construire une stratégie crosscanal d'un côté, main-tenir un niveau de profitabilité des magasins tout en alignant la stratégie prix sur l'e-commerce de l'autre, ou investir dans les magasins physiques pour offrir des expériences toujours plus riches. Comment tirer parti des avantages du digital pour rationaliser et optimiser le réseau de magasins physiques des distributeurs ?

À cette question, trois réponses : la création de magasins virtuels ou de pop-up stores digitaux, la création d'espaces digitaux en magasins pour faire de l'extension de gamme, et enfin la mise en place de nouvelles « ven-ding machines ».

Le digital, en tant que source d'exploitation de mètres carrés virtuels, permet aux retailers de repenser leur maillage (création de murs virtuels, pop-ups digitaux, accès e-commerce) en magasin avec deux objectifs : le premier étant le développement de la présence des distributeurs sans investir dans des magasins physiques, le second étant d'augmenter la fréquence d'achat, notamment d'achat d'impulsion.

Ainsi, le magasin virtuel consiste à installer dans les lieux à forte affluence (gares, stations de métro, etc.) des espaces virtuels permettant aux clients d'acheter des produits par interaction, le plus souvent avec leur smartphone.

Après de nombreux tests opérés dans le monde entier, la phase d'industrialisation semble être en cours. Casino a par exemple développé un mur interactif en centre commercial. Quand le client touche l'écran, celui-ci se transforme en catalogue de produits interactifs. Les produits sont mis en situation (par exemple des couverts et des assiettes sur une table) et le client, avec sa main, peut les sélectionner et les faire glisser vers un panier virtuel. Grâce à l'application mobile mCasino NFC, le panier est transférable sur le smartphone du client, pour qu'il procède au paiement.

CAS

COMPTOIR DES COTONNIERS ET LES POINTS DE VENTE ÉPHÉMÈRES

Alors que la marque ne dispose que de 220 pas-de-porte, la marque de prêt-à-porter a ouvert 10 000 points de vente éphémères du 28 mai au 17 juin 2014, disponibles 24 h/24.

Le concept :

- des QR codes sont disposés sur différents points de contact : mobiliers urbains, magazines, sacs, tee-shirts et autres façades d'immeubles ;
- pour commander un produit, il suffit de flasher le QR code associé à la photo d'un produit, sans passer par un formulaire de commande *via* l'application PowaTag ;
- 48 heures après la commande, le client reçoit ses achats chez lui ;
- ce concept entend séduire les consommateurs qui ne se rendent pas en boutique et favoriser l'achat spontané ;
- la marque a noué des partenariats avec des tiers (par exemple : SFR Régie pour adresser des SMS géolocalisés pour signaler leurs points de contact éphémères) et entend exploiter les données générées par cette vente événementielle.

Par ailleurs, les bornes interactives fleurissent dans tous les points de vente, que ce soit en magasin pour des aides à la vente, en extension de gamme ou pour tester de nouveaux modèles de distribution. C'est dans ce cadre que l'opérateur téléphonique Free vient d'installer des bornes d'abonnement et de distribution de cartes SIM dans le réseau Maison de la presse. Ces bornes sont destinées aux utilisateurs cherchant un abonnement mobile sans engagement ou une carte SIM prête à l'emploi. Encore une manière futée de la part de Xavier Niel d'accroître son maillage réseau après l'ouverture de ses premiers magasins en propre…

L'enseigne But a elle aussi testé le déploiement d'outils digitaux d'aide à la vente (écran d'aide au choix et support digital vendeur), en support de son recentrage sur le centre-ville, avec une gamme de produits plus restreinte. Ce test a vraisemblablement réussi puisque les chiffres communiqués par But confirment une augmentation de 1,5 % du CA réalisé notamment sur des gammes de produits non disponibles en magasin.

Enfin, des distributeurs nouveaux apparaissent aux coins des rues. À la place d'une vitrine, un écran interagit avec le consommateur, à l'instar du distributeur automatique créé par L'Oréal dans le métro new-yorkais qui scanne les passantes et leur propose des produits de maquillage adaptés. Cette machine permet de personnaliser l'achat en jouant sur l'interaction avec le consommateur. Elle détecte le style et les couleurs des vêtements de la consommatrice, pour ensuite lui suggérer le produit de beauté le plus adéquat. L'acheteuse peut alors immédiatement repartir avec le produit ou s'envoyer par e-mail toutes les infos nécessaires pour un achat ultérieur.

Enjeu n° 5 : augmenter le panier moyen des visiteurs

L'augmentation du panier moyen a toujours été une priorité des e-commerçants pour équilibrer un coût d'acquisition en constante augmentation. Pour ce faire, les principaux leviers digitaux sont le couponing et les recommandations sociales.

Premier levier : le couponing

Dans un contexte économique peu favorable et devant l'affaiblissement du pouvoir d'achat, les bons de réduction ont pris une place importante dans les habitudes de consommation. Les chasseurs de deals et autres promotions sont légion sur le Web, où les sites spécialisés se sont multipliés.

Ces bons de réduction, ou coupons, sont présents partout : dans les supports de marketing direct, dans les magazines, sur les tickets de caisse et sur des sites dédiés.

Jusqu'à très récemment, la seule manière d'utiliser les coupons trouvés sur le Web était de les imprimer avant utilisation en magasin, car, le plus souvent, les douchettes en magasin n'étaient pas compatibles avec les coupons mobiles (du fait du reflet de l'écran). Ces coupons papier sont aujourd'hui encore majoritaires. Ils représenteraient 305 milliards de coupons émis chaque année aux États-Unis contre un peu plus de 100 millions d'e-coupons (dont 35 millions de m-couponing – une croissance de 30 % par an pour ces m-coupons)[1].

Les Français sont eux aussi très consommateurs de coupons : près de 9 internautes sur 10 disent avoir déjà utilisé au moins une fois un bon de réduction[2], et 54 % d'entre eux recherchent des coupons sur Internet pour l'utiliser ensuite en magasin[3].

Les bons qui intéressent le plus les Français sont ceux qui proposent des réductions sur les produits high tech (83 %), alimentaires (82 %), culturels (81 %) et électroménagers (79 %)[4].

De nombreux tests de dématérialisation des coupons sont en cours en France.

Intermarché propose ainsi à ses consommateurs de tester pendant quinze jours un coupon digital, disponible et utilisable sur smartphone. Les consommateurs n'ont qu'à scanner un QR code pour accéder à la liste des coupons disponibles. Le client peut aussi voir en rayons les produits bénéficiant du couponing, grâce à des « stops » disposés sur les présentoirs. Une fois ses courses terminées, le client présente les coupons sur son écran de smartphone à l'hôtesse de caisse, qui les scanne.

---

1. Source : CCM Benchmark 2013.
2. *Idem.*
3. Source : bons-de-reduction.com 2013.
4. *Idem.*

De son côté, Vente privée a lancé un boîtier novateur, Pass+. Cette boîte détecte le consommateur dans le magasin et peut interagir avec lui en envoyant sur son mobile des offres ou des promotions pertinentes correspondant à son profil. Le Pass+ propose trois options : Le Pass + entrée, qui envoie, sur le mobile du client, une offre à son arrivée en point de vente, Le Pass + rayon, qui permet de communiquer sur le produit directement dans le linéaire ou le rayon, enfin Le Pass + caisse, qui permet d'afficher automatiquement la carte de fidélité du client sur son mobile et de recueillir son avis sur son expérience en magasin. Cette solution, selon Vente privée, aurait déjà été déployée dans plus de 1500 points de vente dont les marques Izac, Digital et Agatha.

Autre test, le groupe Mondelez, aux États-Unis, qui a intégré des capteurs dans les étiquettes en linéaire. En fonction du profil du consommateur (femme, homme) et de son comportement (si par exemple cela fait plusieurs fois que la personne passe devant le produit), l'étiquette propose un coupon personnalisé le poussant à convertir et à acheter le produit.

Enfin, Macy's a installé des terminaux dans ses points de vente pour stimuler l'achat d'impulsion. Ces terminaux envoient des messages promotionnels aux clients en rapport avec les rayons et les étages où ces derniers se trouvent. De même, des rappels sur des produits que les consommateurs ont indiqué aimer sur le site de Macy's leur sont envoyés dès qu'ils pénètrent dans le magasin.

Deuxième levier : le cross-sell et l'up-sell

Ce rôle a toujours été confié aux vendeurs dans les points de vente. Au moins en théorie, car dans la pratique, la vente complémentaire ne va pas systématiquement être mise en œuvre. Le digital instore permet de combler cette lacune par de multiples possibilités. D'abord par des écrans permettant de scanner un produit et qui proposeront des produits complémentaires en se basant sur l'algorithme utilisé par la plate-forme e-commerce.

Ensuite, en équipant les vendeurs de tablettes pour proposer des produits complémentaires, comme chez Chloé, où les vendeuses utilisent leur tablette pour proposer aux clients des produits non disponibles dans le magasin.

Troisième levier : les recommandations

Leur usage est massif dans l'e-commerce puisque 94 % des Français lisent les avis consommateurs avant l'achat d'un produit[1]. Cette importance est basée sur une vérité simple: les consommateurs se font plus confiance entre eux, et se méfient des discours commerciaux. La technologie accélère leur mise en relation *via* les ratings, ou par les likes et autres boutons sociaux.

Alors que pour 57 % des consommateurs français, avoir accès aux avis consommateurs au sein même du magasin est un argument important de la vente[2], et dans un contexte où il n'a jamais été aussi facile de vérifier l'information produit à l'intérieur même d'un magasin (le fameux effet showrooming), pourquoi les retailers ne déploient-ils pas plus rapidement les recommandations consommateurs dans leurs points de vente ?

Cette intégration se doit d'être un des chantiers prioritaires des retailers dans les mois à venir. Pour cela, nous croyons quelques initiatives intéressantes à suivre :

- donner la possibilité à chaque consommateur de scanner le code-barres du produit sur son mobile pour avoir accès aux recommandations. Cette méthode est particulièrement intéressante pour les entreprises distribuant leurs produits dans des points de vente tiers. Par exemple, l'application L'Oréal permet de scanner tous les produits de la marque en linéaire afin d'avoir accès à des informations enrichies, dont les recommandations sociales ;

- proposer des écrans attenants aux produits, souvent synchronisés avec les recommandations du site e-commerce, et présentant les recommandations « en live ». De nouvelles technologies, comme les étiquettes électroniques, permettent d'afficher des lignes de commentaires à côté de chaque produit ;

- imprimer le « rating » du produit par les consommateurs dans les linéaires produits ;

- déployer des mécaniques d'engagement consommateurs afin qu'ils donnent leurs avis sur les achats effectués.

---

1. Source: Digitas – Vivaki 2014.
2. *Idem.*

KIABI ET L'EXPÉRIENCE SHOPPING CONNECT

Le distributeur veut engager son consommateur sur les réseaux sociaux et créer du trafic en magasin.

Le concept

L'expérience Kiabi Shopping Connect invite le consommateur à se connecter à son profil Facebook, *via* une borne tactile située à l'entrée du magasin, puis active un bracelet, qui remplacera son smarphone durant toute la durée de son shopping.

Il peut ensuite profiter des dispositifs connectés mis en place dans le magasin.

Social Sharing

Une borne tactile à l'entrée du magasin lui permet de se connecter à son compte Facebook, partager ce qu'il aime, ou encore participer à un tirage au sort.

Des boîtiers RFID sont postés en tête de gondole de chaque univers (homme, femme, enfant), et aux côtés de quinze silhouettes lookées disposées à différents endroits du magasin. Les clients peuvent ainsi « liker » et partager les silhouettes et les collections qu'ils préfèrent, et ce directement sur les réseaux sociaux rien qu'en passant leur bracelet devant ces boîtiers.

Social Shopping

Un Photomaton permet aux consommateurs de se photographier et de partager leurs photographies sur leur profil Facebook pour solliciter l'avis de leurs amis. Chaque photo prise est ensuite diffusée sur une borne à l'entrée du magasin.

Enfin, chaque client possédant un bracelet activé peut bénéficier d'une remise de 10 % sur son panier.

Résultats (en une semaine) :

- 300 photos partagées ;
- 300 « check-in » dans le magasin ;
- 400 produits « likés » ;
- +50 % d'augmentation du temps passé dans le magasin (45 minutes contre 30);
- +11 % d'augmentation des ventes.

Enjeu n° 6 : déclencher la conversion

Pour susciter la conversion, les retailers doivent digitaliser les vendeurs et simplifier le paiement.

La digitalisation des magasins n'amène pas une désincarnation des espaces physiques et une disparition de l'humain, bien au contraire. Il s'agit de redonner toutes ses lettres de noblesse au rôle du vendeur en le renforçant face à un consommateur de plus en plus connecté. Autrefois, le vendeur Fnac était l'expert, les visiteurs venaient discuter avec lui pour être conseillés sur du matériel ou sur les produits culturels. Aujourd'hui, les clients viennent plus informés que le vendeur lui-même, qu'ils challengent, et achètent en ligne.

Selon une étude Digitas[1], 78 % des consommateurs pensent que les vendeurs magasins seraient plus efficaces s'ils étaient équipés de tablettes avec les informations produits.

Leurs principales demandes sont de fait assez basiques : avoir de l'information supplémentaire sur les produits (50 %), avoir accès aux stocks et à l'inventaire magasin (44 %) et pouvoir être encaissés plus rapidement (24 %).

Le vendeur reste et doit rester une interface entre les clients et les produits. En l'équipant d'outils digitaux, ou en mettant à disposition du consommateur des bornes interactives d'aide à la vente, un nouveau vendeur, augmenté, verra le jour, capable d'offrir un shopping intelligent qui participe à la construction de l'expérience de marque et de répondre à toutes les questions (sur les produits, la disponibilité) et de satisfaire tous les besoins des clients (personnaliser un produit, résoudre un problème).

Le digital va permettre au vendeur d'asseoir son nouveau rôle en gagnant en séduction, en crédibilité et en précision.

Prenons le cas de But.

Il y a plusieurs objectifs pour le distributeur français : pouvoir présenter toute l'étendue de son offre dans des surfaces de vente ne pouvant les contenir et vendre les produits non disponibles en magasin.

Pour ce faire, But a déployé un total de 900 tablettes et 250 tables interactives dans ses magasins, notamment auprès des vendeurs, qui délivrent en temps réel les dernières actualités promotionnelles, l'état des stocks, les

---

1. Source : Digitas connected commerce 2014.

prix... Jusqu'aux tickets pour passer en caisse. Avec succès puisque ces bornes et tablettes ont pu générer jusqu'à 13 % des ventes de certains magasins.

Mais attention, cette vente assistée doit être accompagnée et les vendeurs formés. Sans cette formation, il n'est pas rare de voir les outils digitaux mis de côté.

Autre facteur pour déclencher la conversion : la simplification des paiements.

Prenons l'exemple de Starbucks. L'enseigne américaine est partie d'une question simple : comment réduire le temps d'attente en magasin le matin, surtout pour les clients fidèles qui ont l'habitude d'acheter tous les matins le même café ?

La réponse a pris la forme d'une application connectée à un compte PayPal. Avec elle, le client déclenche la commande avant son arrivée au café, et quand il se présente dans le point de vente, le café est prêt. Il a juste à scanner un code-barres 2D pour payer *via* PayPal. Mieux, au début de l'année 2014, Starbucks, à l'initiative de sa communauté de consommateurs, a lancé une nouvelle version de l'application qui permet de « tipper » (verser un pourboire) les serveurs. Selon Starbucks, l'application est aujourd'hui utilisée par plus de 10 millions de membres actifs.

Autre exemple, American Express qui a synchronisé les comptes bancaires de ses adhérents avec leur compte Twitter. Ou encore Apple et le scanner d'empreintes digitales, sur ses derniers téléphones. Sous couvert de sécurité, cette fonctionnalité pourra à terme transformer l'iPhone en moyen de paiement mobile très sécurisé puisque cette fonctionnalité a été déployée en même temps qu'une technologie d'interaction sans fil, l'iBeacon. De très nombreux points de vente sont déjà en train d'installer ces émetteurs Bluetooth à basse énergie afin de pouvoir pousser une promotion personalisée sur les téléphones.

Les nouvelles solutions de paiement mobile se développent dans le monde entier, qu'elles soient portées par les acteurs traditionnels du paiement (Visa, MasterCard), ou des entités indépendantes comme PayPal ou Square.

Créé en 2009 par le fondateur de Twitter, Jack Dorsey, Square a développé un système se branchant aux smartphones et aux tablettes qui accepte les paiements par carte bancaire. Destiné aux commerçants, Square transforme un smartphone en solution de paiement. Ce module est vendu avec une application mobile qui gère la facturation et la comptabilité.

Grâce à sa simplicité d'utilisation, il a déjà été adopté par des milliers de TPE aux États-Unis. Selon le *Wall Street Journal*, Square approchera le milliard de dollars de revenus en 2014, pour plus de 20 milliards de transactions.

En ce qui concerne la France, force est de constater que l'encaissement mobile n'a pas encore vraiment décollé, vraisemblablement pour de nombreuses raisons culturelles, légales et financières. Il n'en demeure pas moins que les innovations autour du paiement mobile permettent aux marques d'imaginer de nouvelles interactions avec leurs clients.

Enjeu n° 7 : augmenter la connaissance client

Les mécaniques omnicanales, l'utilisation des réseaux sociaux et l'explosion des usages mobiles ouvrent un nouveau champ des possibles sur l'exploitation de la donnée. La convergence des magasins et de l'e-commerce permet de suivre les consommateurs sur tous les points de contact puisque les consommateurs s'engagent désormais avant, pendant (mobile instore) et après leurs achats (réseaux sociaux).

Avec une montagne de données emmagasinées (offline et online, comportements passés, météo, calendrier promotionnel...) et traitées, les distributeurs ont la capacité d'enrichir leur connaissance client, de mieux structurer leur stratégie crosscanal, de personnaliser les expériences clients et d'accroître leur ROI. Cette analyse des données ayant aussi un impact opérationnel avec, entre autres, l'amélioration des inventaires, de la logistique et du staffing sur l'ensemble des points de contact.

On va parler de «Big Data», ce qui va recouper l'ensemble des processus, des méthodologies et des technologies, qui vont permettre d'agréger, de filtrer et d'analyser les données générées par l'ensemble des acteurs de l'écosystème marchand (entreprises, consommateurs, devices), le plus souvent à des fins prédictives.

Par exemple, connaître les comportements des internautes en pré-shopping sur le site e-commerce peut permettre d'affiner les flux logistiques et l'approvisionnement des points de vente dans la zone de chalandise. L'analyse des téléphones dans les linéaires peut permettre de comprendre les comportements des consommateurs, leur parcours shopping et le temps qu'ils passent à choisir un produit. Cela peut aussi permettre au distributeur d'optimiser son merchandising. Avec l'analyse des transactions, on peut comprendre les marques préférées d'une typologie de consommateurs, savoir comment, où, pourquoi ils achètent, et en retour adapter l'offre et sa mise en avant, en fonction des affinités du socio type : sur le pricing, les stratégies d'acquisition et de fidélisation.

Prenons deux cas. D'abord les assurances, où en analysant les données d'un individu, on peut mesurer le risque qu'il représente dans différents volets de sa vie (maladie, habitation, auto...) et lui proposer une offre personnalisée. Prenons ensuite le cas de la téléphonie, dont l'analyse des données sert à limiter la perte de sa clientèle et à augmenter la consommation moyenne mensuelle par utilisateur. Par ailleurs, ces données peuvent aussi être valorisées comme une nouvelle source de revenus, puisque commercialisées à d'autres entreprises, une fois agrégées et anonymées.

S'ils fleurissent aux États-Unis, les projets « data » en France sont aujourd'hui peu nombreux pour de multiples raisons : contraintes législatives, frilosité managériale, infrastructures technologiques insuffisantes...

Peut-être que l'adoption du « smart data » par les entreprises françaises commence déjà par un état des lieux de l'existant (quels types de données existent déjà dans l'entreprise ?), et par une désacralisation de la technologie. La « data » n'est pas un « simple » projet informatique, c'est un projet d'entreprise qui doit être emmené par les directions générales pour rendre l'entreprise et son écosystème plus « lean ».

À ce propos, le géant de la distribution Walmart a très tôt considéré que l'exploitation à grande échelle des données l'aiderait à trouver de nouvelles sources de croissance.

Sa chaîne d'approvisionnement a pu être optimisée en permettant aux fournisseurs de suivre à distance la demande en magasin, pour anticiper les besoins. Parmi ses dernières expérimentations Big Data, la mise en place d'un moteur de recherche Polaris pour son site e-commerce, développé en interne. Conçu pour mieux comprendre les besoins des internautes, il fait émerger les produits que les clients sont le plus susceptibles de consommer. Il s'appuie pour cela sur une analyse sémantique très poussée, notamment grâce à la recherche de synonymes, mais il croise aussi les termes de la recherche à une large base de données sur les précédentes requêtes. D'après Walmart, il a déjà permis d'augmenter de 10 à 15 % le taux de conversion des achats en ligne.

Par ailleurs, pour manager sa supply chain et son réseau de distribution, Ford a aussi investi sur le « data analytics ».

En 2007, Ford a commencé à développer SIMS (Smart Inventory Management System) pour en équiper son réseau. Ce logiciel devait permettre au réseau de concessionnaires de collecter de la donnée consommateurs pour mieux prédire leurs attentes automobiles et de remonter l'information vers les équipes de production.

L'idée était à la fois d'améliorer les produits en faisant en sorte que la demande rencontre l'offre désirée, mais aussi de mieux piloter la supply chain. Ainsi, si le rouge est tendance pour les consommateurs, plus de voitures rouges sortiront des usines quelques mois plus tard.

Après un test sur le territoire américain, ce logiciel a été implémenté en 2009 sur l'ensemble du réseau Ford. Sur le terrain, les concessionnaires ont vu leur taux de vente s'accroître, et une enquête interne a montré que les clients Ford étaient à 98 % satisfaits des voitures présentées en show-room. Au final, SIMS ferait gagner au bas mot 100 millions de dollars par an à la firme automobile.

Il reste néanmoins à mieux mesurer la performance crosscanal.

Les outils de mesure sont aujourd'hui encore très monocanal, donc inadaptés.

Ainsi, selon eMarketer, seuls 3 % des distributeurs disent avoir une structure de monitoring de la performance crosscanal. Des start-ups françaises comme Tap Value travaillent d'ailleurs actuellement pour opérer un tracking multicanal pour que la marque ait une vision exhaustive du parcours client, et qu'elle puisse adresser à ce dernier un message personnalisé et adapté à son device.

En parallèle se démocratisent des solutions de tracking clients instore avec notamment des solutions de comptage permettant d'avoir des reportings du nombre de visiteurs par jour, des déterminations des zones chaudes du magasin, du « repeat trafic » (nombre de consommateurs qui revisitent le point de vente avant de déclencher l'achat), sur la base de solutions de comptage « anonymisées », et des solutions de tracking individuels, grâce au mobile du client (ultrason, BLE, ou triangulation Wi-Fi).

Reste que le flux de « datas » pose la question du respect de la vie privée, mais ça, c'est une autre histoire...

FOCUS

LA RÉVOLUTION IBEACON

Nous avons déjà évoqué le NFC et le RFID. Ces technologies doivent révolutionner le mobile et faire exploser le paiement par mobile. Sauf qu'Apple refuse de les intégrer dans ses smartphones. Or, sans Apple, pas de massification de l'usage.

Apple a fait le choix d'une autre technologie appelée iBeacon. Cette technologie est une technologie sans fil, mais contrairement au NFC qui ne rayonne qu'à quelques centimètres, iBeacon repose sur la technologie Bluetooth BLE (Bluetooth Low Energy) 4.0 qui peut rayonner jusqu'à plus de 20 mètres. Cette technologie est déjà disponible sur les smartphones Apple depuis l'iPhone 4S ainsi que sur les derniers mobiles Android.

Comment ça marche ?

iBeacon permet l'interaction entre une application et une balise. Il faut donc posséder une application sur son téléphone (ouverte ou tournant en tâche de fond).

Le consommateur doit avoir accepté la géolocalisation.

Chaque balise est unique et peut déclencher un ensemble d'événements programmés par l'administrateur (des notifications se déclenchent sur le téléphone ou des actions se déclenchent sur l'application)

iBeacon peut détecter trois zones : immédiate de 0 à 5 cm, proche de 5 cm à 1 m et lointaine de 1 à 50 m.

Les événements et les contenus associés aux événements sont paramétrables dans un back office et peuvent s'interfacer avec la plupart des back offices de contenus existants.

Les retailers américains dont Apple se sont rués sur cette technologie car elle permet de très nombreuses applications et coûte très peu cher (entre 10 et 40 euros avec des prix dégressifs selon les volumes). La firme californienne l'a ainsi implémentée dans plus de 254 Apple stores américains, avec des balises à l'entrée des magasins et sur les zones d'exposition. Le consommateur peut ainsi recevoir des messages sur son smartphone du type : « Ne serait-il pas temps de changer votre téléphone ? » Une technologie à suivre de très près...

Enjeu n° 8 : augmenter la fidélité client

Le développement des applications mobile a permis de dématérialiser la carte de fidélité. Cette dématérialisation, couplée à la connaissance du client, rend possible l'élaboration de plans de promotion personnalisés en temps réel, souvent reliés à de la gamification (des jeux concours).

Ainsi, Macy's récompense ses clients en fonction de leurs comportements. Si ceux-ci s'identifient dans le magasin (check-in), si ceux-ci partagent de l'information avec la communauté, ils deviennent une «monnaie sociale» valorisée par l'enseigne qui, en retour, les rétribue.

Neiman Marcus, le grand retailer de mode américain, offre à ses clients les plus fidèles une expérience statutaire et affinitaire, avec son application.

Celle-ci permet de préparer en amont la venue du client en magasin : elle permet de savoir en temps réel quels sont les vendeurs présents dans le magasin sélectionné et de fixer un rendez-vous avec l'un d'entre eux. Le client gagne du temps en préparant à l'avance ses essayages avec son vendeur attitré notamment au moyen du transfert de wish-list. Par ailleurs, le client peut signaler *via* son application sa présence en arrivant dans le magasin par un check-in qui avertit le vendeur. Les deux peuvent dialoguer par messages afin de se retrouver dans la boutique. Le vendeur aura d'ailleurs accès sur son mobile au profil du client (photo, historique d'achat et sa wish-list), ce qui lui permet de lui proposer les produits les plus adaptés à son profil lors de la séance d'essayage.

CAS

WALMART ET LA GAMIFICATION

La gamification est le transfert des mécanismes du jeu dans d'autres domaines, notamment dans le domaine de la vente. Devenu de plus en plus exigeant et de plus en plus imperméable aux sollicitations des marques, le consommateur se tourne vers les campagnes plus ludiques, offrant une récompense (matérielle ou gratifiante), et innovantes.

Walmart a ainsi mis en place des dispositifs pour inciter le consommateur à jouer en faisant ses courses dans le magasin.

Le concept :

• Walmart a lancé une application Avengers (héros de Comic Books) ;

- Walmart a disposé dans ses magasins des QR codes à des endroits straté-giques pour que les consommateurs les scannent : en scannant ces codes-barres, les consommateurs accroissent le potentiel de leur super héros Avengers préféré. Simultanément, ils sont guidés vers les produits en pro-motion chez Walmart ;
- l'application peut ouvrir un module de réalité augmentée qui permet au consommateur de « chasser » dans les rayons de l'hypermarché autour de produits choisis par l'enseigne et d'avoir des informations complémentaires sur ces produits (une télévision par exemple).

▶ **POUR EN SAVOIR PLUS**
– http://youtu.be/dXpZ7niGgIY

Des stratégies de digitalisation à géométrie variable

Quatre possibilités s'offrent aux marques et aux enseignes : attendre et se positionner en suiveurs sur leur marché et laisser la concurrence investir et se tromper, expérimenter dans une logique de « test and learn » et investir raisonnablement pour trouver le bon mix digital, créer des filiales dédiées pour préempter des parts de marché avec une marque identifiée « digitale » par les consommateurs, ou prendre le risque d'industrialiser.

Si les enseignes et les marques doivent répondre aux enjeux d'une digitali-sation à marche forcée et concentrer leurs efforts, les priorités ne sont pas forcément les mêmes en fonction des secteurs. Et ce, pour au moins deux raisons : l'impact du show-rooming et la pression concurrentielle. Revue de détail.

L'univers du luxe

Les marques de luxe ont depuis longtemps compris le rôle de l'expérience shopping. Elles ont en revanche mis longtemps à investir les supports digitaux, et notamment l'e-commerce. Les grandes marques de luxe investissent désormais ce secteur et ont intégré la contribution du digital à l'expérience client. Ainsi, elles innovent dans de nombreux secteurs :

- ouverture de boutiques virtuelles et digitalisation de leurs magasins ;
- investissement dans des stratégies de contenus adossées aux réseaux sociaux ;
- course à l'innovation dans la promotion des défilés (exemple : accès aux défilés en temps réel des clients) ;
- personnalisation de produits : Ralph Lauren propose par exemple la customisation de ses polos.

Prenons l'exemple du concept store digitalisé de Karl Lagerfeld à Saint-Germain-des-Prés à Paris.

L'objectif est de fournir une expérience numérique en magasin incomparable, en donnant la possibilité au client de se connecter et d'interagir avec la marque depuis différents appareils connectés. À travers différents espaces dédiés.

D'abord, les Karl's booths : intégré dans les cabines d'essayage, un écran tactile permet aux clients d'immortaliser leur look, puis d'appliquer un filtre à leur photo avant de la partager sur leur compte Facebook ou Twitter.

Par les Karl's books : mis à disposition dans la boutique, des iPad permettent aux visiteurs de découvrir l'univers de la marque, les différentes collections, les nouveautés, de visionner les dernières vidéos, de surfer sur le site, mais également de prendre des photos de leurs articles favoris, de les partager ou encore de laisser un mot à la marque et au créateur. Connecté à un écran géant, l'iPad pourra interagir sur l'affichage en magasin.

Enfin, des mini-iPad intégrés aux portants offrent la possibilité au client d'explorer l'ensemble de la collection et de partager ses coups de cœur. Dernier clin d'œil technologique, le paiement se fait sur un terminal mobile : plus besoin de se rendre à la caisse.

L'univers de l'automobile

Plus de 90 % des acheteurs automobiles utilisent le digital avant un achat, que ce soit sur le site des constructeurs automobiles, des sites tiers ou des sites comparatifs spécialisés. De fait, le nombre de concessions visitées par achat a été divisé par quatre en moins de dix ans. Le visiteur est ultra informé, d'où le développement des équipements vendeurs, notamment la tablette.

Ainsi, aux États-Unis, dès 2012, le constructeur Mercedes a équipé ses vendeurs de tablettes avec une application qui leur permet de configurer le véhicule. Depuis, la plupart des constructeurs se sont lancés dans des programmes de vente assistée identiques.

Mais la digitalisation des concessions automobiles n'en est qu'à ses prémices. Dans un futur proche, nous verrons arriver de nombreuses innovations : reconnaissance du client avant visite de la concession, personnalisation des offres, écrans de configuration, etc.

La grande surface spécialisée (GSS)

La GSS, notamment dans le secteur de la high tech, des biens électroménagers et de la culture, est le secteur le plus durement touché par le phénomène du show-rooming. D'autres secteurs tels que la beauté et le sport seront vraisemblablement touchés de la même façon dans les années à venir. Il n'est donc pas très étonnant de voir les enseignes les plus challengées (Fnac, Boulanger, Darty, But, Sephora...) prendre des initiatives structurantes pour faire converger leurs activités offline et online.

D'ailleurs, leurs clients attendent cette transformation. Selon une étude de *LSA*-ViaVoice 2014, plus de 50 % des clients de GSS ont du mal à évaluer les plus et les moins des différents produits qui les intéressent, à les comparer entre eux. Ces consommateurs, ayant intégré le réflexe de comparaison des prix et des caractéristiques produits, et ayant accès à un catalogue enrichi sur Internet, disent souhaiter avoir accès au même niveau de service en magasin.

Au final, les GSS doivent travailler leurs stratégies crosscanal en profondeur pour mieux tirer parti de leurs points de vente physiques. Avec trois axes : l'industrialisation du click and collect, la digitalisation du point de vente pour simplifier le shopping et le personnaliser (aide au choix, accès aux reviews consommateurs, connaissance stocks...) et l'implication des forces de vente commerciales équipée de supports digitaux.

La grande surface alimentaire (GSA)

La GSA va poursuivre sa mue digitale. Que ce soit pour générer du trafic en point de vente (digitalisation des prospectus, promotions géolocalisées), pour mettre en place des services digitaux instore (bornes de comparaison de prix, des écrans pour présenter des produits complémentaires, des promotions personnalisées sur mobile), ces distributeurs doivent poursuivre leur transformation.

Walmart est à ce titre un exemple à suivre. La firme américaine a investi massivement dans la création d'une infrastructure e-commerce et créé un laboratoire dédié (@Walmartlabs) afin de piloter sa transformation digitale. Aujourd'hui, plus de 1000 personnes travaillent sur les problématiques e-commerce de l'enseigne, la plupart des magasins sont équipés en Wi-Fi et le tracking consommateur est systématisé dans les hypermarchés du géant de la distribution américaine.

En synthèse, on dénombre cinq grands chantiers de la GSA en France. D'abord, le chantier de la digitalisation des supports promotionnels et l'utilisation du mobile afin de générer du trafic en magasin. Les magasins Leclerc se sont ainsi officiellement lancés dans le «0 % prospectus» d'ici à 2020, la plupart des retailers ont une application recensant les meilleures offres promotionnelles en magasin et ont déjà réalisé quelques tests de géofencing mobile.

En deuxième lieu, le chantier de la simplification du shopping. Cette simplification peut néanmoins se révéler une menace. Les distributeurs font le maximum pour faire rester le plus longtemps possible les consommateurs en magasin : plus ils restent, plus ils consomment. Du coup, les projets de simplification du shopping (wish-list, etc.) se font souvent au détriment du panier moyen et impactent les achats d'impulsion.

Troisièmement, le chantier de l'augmentation du panier moyen. Le pendant de la simplification est de proposer des activités tactiques visant à convertir l'acheteur et à augmenter le panier moyen. Ces activités sont généralement basées sur des mécaniques de promotions ciblées digitalisées, mobiles, ou sur bornes, avec reconnaissance du client et du segment de prospects.

Quatrièmement, le chantier de l'extension de gamme. Même si la plupart des GMS possèdent une très large gamme de références dans leurs espaces de vente, certains produits (notamment dans les gammes de produits bruns et blancs) ne sont pas tous présents. À l'instar de Carrefour qui teste des écrans de présentation de produits blancs non disponibles en magasin, des écrans d'aide au choix et de présentation de gammes alternatives devraient prochainement être installés dans de nombreux points de vente de différentes enseignes.

Enfin, le chantier de la transaction. Dans la plupart des enseignes, le processus transactionnel reste basique avec notamment le problème de l'attente aux caisses. Des initiatives ont certes démarré en self-scanning, sans grand succès, il reste donc à inventer des mécaniques transactionnelles plus simples.

CAS

INTERMARCHÉ ET LE SHOPPING EN LUNETTES CONNECTÉES

L'objectif pour le distributeur français est de créer une nouvelle expérience d'achat qui pourrait augmenter le panier moyen et générer des ventes complémentaires, en se servant des technologies les plus à la pointe (ici, des lunettes interactives).

Le concept :

- des lunettes de réalité augmentée sont reliées à des bornes Insiteo ;
- une fois le dispositif activé à l'entrée du supermarché, l'application indique au consommateur le chemin à suivre pour remplir son chariot des articles figurant sur la liste de courses ;
- le consommateur est géolocalisé dans les rayons grâce aux bornes Insiteo disposées dans la grande surface ;
- il faut scanner le code-barres de l'article pour voir apparaître sa fiche à l'écran. En acquiesçant de la tête, le porteur valide l'achat. L'application peut alors proposer des articles complémentaires : les ingrédients d'une recette de cuisine, par exemple. D'un hochement de tête, la liste de courses s'enrichit des articles correspondants ;
- des promotions sont envoyées au consommateur au moment jugé le plus opportun par l'enseigne ;
- enfin, l'achat se conclut à la sortie du magasin par un hochement de tête qui valide l'encaissement du panier du consommateur.

▶ **POUR EN SAVOIR PLUS**
  – http://youtu.be/Etl-PNcYr84

Les foncières et centres commerciaux

Face à une décroissance progressive du trafic dans les centres commerciaux du fait d'une concurrence grandissante de l'e-commerce, du vieillissement de l'offre proposée et d'un retour de l'attractivité des centres-ville, les foncières ont progressivement investi dans le renouveau de leurs actifs pour plus d'expériences crosscanal, plus d'entertainement et plus de services, à l'instar d'Unibail et de Klépierre. Par ailleurs, le rachat d'un des leaders de l'e-commerce (Rueducommerce) par Altarea-Cogedim en 2011 a lancé la course à la digitalisation pour les grands acteurs du secteur.

Unibail a lancé de nombreuses initiatives : des applications connectées pour avoir des offres spéciales, une carte de fidélité, des bornes d'aide au choix et des expériences digitales innovantes en centre commercial. Klépierre a, de son côté, opté pour un écosystème digital, basé sur un site web de préparation au shopping et une application mobile. Klépierre a également lancé Inspiration Corridor, une innovation dont le principe est de proposer des recommandations produits aux visiteurs du centre commercial visité.

Altarea-Cogedim a, quant à lui, inauguré en avril 2014 un nouveau « centre connecté » à Villeneuve-la-Garenne, Qwartz, qui met à disposition du consommateur un ensemble de services et de contenus digitaux innovants : informations produits, programme de fidélité mobile, offres promotionnelles ciblées, Wi-Fi, recommandations produits et avis consommateurs, bornes d'extension de gamme, état des stocks et catalogue produit géolocalisé dans l'application du centre...

Un immense « social wall » accueille les clients à la sortie du parking intégrant en temps réel l'actualité des boutiques, mais aussi les réseaux sociaux des visiteurs eux-mêmes. Une application mobile est disponible pour se repérer dans les allées ou recevoir des informations sur ses enseignes préférées dès qu'ils se trouvent à proximité. Les consommateurs peuvent consulter l'état des stocks, réserver le produit de leur choix ou faire une recherche sur des produits.

Des bornes interactives pour élargir l'offre aux pure players du Web ont été disposées, de manière à accéder à des sites marchands dont l'offre n'est pas présente dans le centre, telles que les enseignes Alice Délice et Made.com.

L'enseigne Carrefour a profité de l'inauguration de Qwartz pour tester un concept de magasin connecté. À l'entrée, des batteries pour smartphones sont prêtées aux clients qui en auraient besoin, dans le rayon mode, un miroir en réalité augmentée renvoie l'image «augmentée» du client pour l'aider à choisir le vêtement qui lui irait le mieux, une borne interactive permet de commander sa carte de fidélité et de laisser des suggestions à la direction du magasin. Par ailleurs, disponible sur iOS et Android, la nouvelle application mobile Carrefour C-Où permet de préparer sa liste de courses chez soi, et, une fois dans l'hypermarché, de se laisser guider jusqu'au bon rayon. C'est la technologie NFC apposée dans les rayons qui permet de géolocaliser les produits. On est là sur du parcours de consommation optimisé.

Au final, le chantier pour les foncières est de digitaliser leurs centres existants en fonction des rythmes d'adoption des différentes zones de chalandise. En fonction des données socioculturelles donc, mais aussi en fonction de la répartition des âges par zone géographique, la transformation des centres commerciaux sera plus ou moins impérieuse.

Les banques

Alors que le nombre d'agences a longtemps cru en France (+8% en France entre 2000 et 2010) pour atteindre quelque 38000 agences et plus de 55000 DAB, la tendance est aujourd'hui à la décroissance du réseau (-500 agences physiques entre 2010 et 2013).

Et ce pour une raison très simple: les clients fuient les agences françaises, ce qui fait écho à l'état du secteur aux États-Unis avec un nombre d'agences qui a diminué de 25% en cinq ans (2008-2013, la crise passant aussi par là).

Ainsi, en 2013, 25% des Français vont en banque physique au moins une fois par mois, 90% contacts avec les clients se font en dehors de l'agence et chaque année, les agences notent en moyenne une baisse de 5% de leurs opérations. La fréquentation des agences en chute libre, ajoutée à la baisse des taux d'intérêt (qui impacte les marges) et à la pression sur les commissions affecte l'attractivité du modèle de l'agence.

Pour autant, l'agence reste l'avenir de la banque, parce qu'elle permet de fidéliser le client par le contact humain et les services à valeur ajoutée. L'agence doit donc se repenser. Les banques doivent revoir les zones d'implantation, redéfinir les formats de vente et évidemment moderniser l'agence en la digitalisant. Un certain nombre de tests ont déjà vu le jour, à l'instar de la Caisse d'épargne avec l'agence Nouvelle Définition, ou la BNP avec le 18 Quai.

Le premier enjeu pour les banques est de multiplier ces tests et à terme d'industrialiser des formats d'agence digitalisés en fonction des zones de chalandise.

Le second enjeu est d'intégrer technologiquement les process et de proposer des services crosscanaux. Sur ce point-là, les banques françaises sont en retard par rapport à leurs homologues asiatiques et américains, à l'instar de la banque singapourienne OCBC qui a créé le logiciel ROME (Relationship Opening Made Easy) pour faciliter en crosscanal l'ouverture de comptes, et l'a déployé dans ses 500 agences physiques, mais aussi sur ces interfaces digitales.

Les télécoms

On le sait, la guerre fait rage dans l'univers des télécoms. Dans la bataille que se livrent les opérateurs, le réseau de distribution constitue un enjeu clé, aussi important que l'innovation ou le positionnement prix. Les chiffres parlent d'eux-mêmes : 60 % des ventes de téléphonie mobile en France – et 70 % de la valeur – sont réalisées dans les boutiques des trois grands opérateurs Orange, SFR et Bouygues Télécom.

Au niveau de la distribution, de nombreuses réorganisations ont eu lieu à partir de 2012. SFR avait été le premier à engager une vaste modernisation de ses 820 espaces SFR, à l'image de sa boutique de 300 mètres carrés sur les Champs-Élysées. Orange a, lui, lancé des grands magasins du mobile, inspirés des Apple Store. Bouygues y est aussi allé de son relooking.

Au final, si les acteurs des télécoms ont beaucoup travaillé le «customer care» (la relation au consommateur) sur leurs interfaces digitales internet et mobile, les boutiques restent des lieux d'échange humain, où le self care, la possibilité de trouver par soi-même des solutions à ses problèmes, n'est pas encore optimisée. Peut-être y a-t-il là un axe d'amélioration ?

Certes Bouygues a mis en place des écrans en magasin pour guider le client, délivrer un numéro de rendez-vous et faire patienter le consommateur avec des informations sur l'offre, certes SFR a mis en place des tables connectées qui illustrent la relation client/vendeur, mais on est encore loin des déploiements de Verizon aux États-Unis.

En conclusion, pour les acteurs du marché, l'investissement dans le cross-canal doit se fonder sur la conviction que le consommateur va profondément changer ainsi que sur l'analyse des mouvements de la concurrence.

On conseillera, en amont, un benchmark approfondi du secteur afin de clarifier son positionnement concurrentiel et d'estimer l'écart entre son entreprise, les besoins des consommateurs et la compétition.

Les enseignes et les marques doivent en parallèle auditer leur architecture technologique et construire une vision technologique pour soutenir leur stratégie omnicanale. La réalisation d'un projet crosscanal nécessitant généralement un travail d'intégration des ERP, de solutions e-commerce, d'outils en points de vente et de solutions CRM, ce qui représente un temps de conception et de déploiement assez long.

Enfin, la mise en place d'un projet crosscanal nécessite une réflexion sur la mesure de la performance, avec la mise en place d'indicateurs pour mesurer l'impact des mécaniques qui seront implémentées.

Quels que soient le secteur et la vitesse de transformation souhaitée, les enseignes et les marques devront absolument mettre en place une équipe projet transversale, analyser, dans le cadre de leur activité propre, quels sont les besoins prioritaires de leurs clients, évaluer les projets les plus impactants pour leur business et partager ces conclusions en interne.

Nul doute que la digitalisation de leur activité commerciale leur apparaîtra, peu ou prou, nécessaire.

CHAPITRE 3

Comment repenser le point de vente

EN LISANT CE CHAPITRE, VOUS ALLEZ CONSTATER
QUE LA DIGITALISATION DU POINT DE VENTE IMPACTE :

- *le merchandising*
- *le vendeur*
- *l'offre*
- *l'infrastructure technologique*
- *les flux logistiques*
- *la gestion et la protection des données*
- *la localisation*

IL Y AURA :

- *des retours d'expérience*
- *des bonnes pratiques*
- *des règles de droit*
- *des grilles d'analyse*
- *des liens internet*

ET SI L'ON NE DEVAIT RETENIR QU'UNE CITATION :

« *I am just trying to get ideas, any kind of ideas that will help our company. Most of us don't invent ideas. We take the best ideas from someone else.* »

« *J'essaye juste d'avoir des idées, tout type d'idées, qui peuvent aider notre société. La plupart d'entre nous n'inventent pas et ne font qu'utiliser les meilleures idées des autres.* »

Sam Walton, fondateur de Walmart

Le repositionnement est en marche

Pour bien comprendre les impacts qu'a la digitalisation sur la chaîne de valeur du retailer, intéressons-nous dans le détail à un cas concret. Ce cas concret nous vient du Royaume-Uni. Il s'agit d'Argos, l'équivalent anglais de Darty.

L'enseigne Argos a enclenché en octobre 2012 un plan de transformation sur cinq ans. Ce plan a été bâti pour regagner de l'avantage concurrentiel, exploiter pleinement les nouvelles opportunités du marché de la distribution grand public outre-Manche et pérenniser ses perspectives de croissance à moyen et long terme.

Ce plan débute par trois années d'investissements, à hauteur de 100 millions de livres sterling investies chaque année pour réinventer son modèle de distribution. Il compte quatre éléments clés :

1. le repositionnement de la marque sur les canaux de vente digitaux : Web, mobile, tablettes, etc. ;

2. l'élargissement de l'offre, en accélérant la vitesse des flux de marchandises à tous les niveaux de la chaîne logistique, dans une logique « cost control » (dépenses maîtrisées) ;

3. le développement d'une offre attractive, ce qui inclut d'élargir la gamme de produits mis à disposition du consommateur et de mener un travail pointilleux sur le prix ;

4. le contrôle de la structure des coûts pour financer les investissements digitaux et la renégociation des baux pour gagner en flexibilité et se libérer de charges financières.

Plus d'un an après le début de la transformation, un certain nombre d'initiatives ont été menées pour faciliter la prise en main digitale du consommateur. Le site internet a été intégralement refondu, de nouvelles fonctionnalités sont implémentées : la possibilité de réserver online son produit, le lancement de l'application iPad, la création d'un catalogue digital pour remplacer le catalogue papier...

Désormais, les ventes digitales représentent 51 % des ventes totales de l'enseigne (2 milliards de livres sterling). Les visites sur le site internet de l'enseigne et sur l'application mobile (1,6 million de téléchargements en un an) ont augmenté de 24 % ; avec le mobile qui représente déjà 10 % des ventes totales.

Parallèlement, une cinquantaine de points de vente ont été fermés, et 75 relocalisés (sur un total de 739 magasins). Une grande partie des baux ont été renégociés (464 renégociations) et 460 magasins ont été redesignés. Chaque magasin compte une ligne produit de 16 000 références en stock, auxquelles 4 000 références ont été ajoutées *via* des bornes interactives et en accès digital.

Dans le magasin, Argos a déployé son offre «blanche» (électroménager) et travaillé sa gamme «great value» avec plus de 700 nouveaux produits par rapport à l'année précédente.

Des indices de satisfaction clients ont été institutionnalisés, tandis que la position concurrentielle sur les prix et sur les produits à forts turnovers est mesurée chaque semaine.

Pris dans sa globalité, ce plan de transformation a déjà eu un impact positif[1] avec une hausse du chiffre d'affaires de 1,5 % (2013 *vs* 2012), ce qui équivaudrait à +2,1 % à périmètre distribution constant, et une augmentation du résultat net de 7 % (2013 *vs* 2012), tandis que la structure des coûts a été abaissée de 2 % en un an.

Au final, la digitalisation d'Argos a permis de mettre à jour un certain nombre de bonnes pratiques au niveau:

- du merchandising avec l'espace de vente et le parcours consommateur repensés;
- de la vente avec un vendeur reformé et un système de rémunération revu;
- de la construction de l'offre avec de nouveaux produits mis sur le marché et une rationalisation des lignes produits existantes;
- de l'adaptation des flux logistiques vers plus de flexibilité;
- de la gestion et de la protection des données;
- de la renégociation des baux.

Ces bonnes pratiques sont les corollaires nécessaires d'une digitalisation du point de vente. Nous allons les expliciter plus avant.

---

1. Source: Home Retail Group.

La redéfinition du merchandising magasin

Pour bien comprendre la manière dont le digital bouleverse l'offre en magasin, il faut d'abord comprendre ce qu'est un magasin, comment il fonctionne au quotidien, et comment le consommateur le vit. Pour simplifier notre exploration, nous allons nous focaliser sur un magasin de mode vestimentaire.

La première prise de contact avec le magasin passe par la vitrine.

La vitrine a pour rôle d'exposer. On dénombre trois fonctions à cette exposition.

La première fonction est l'appel image. La vitrine met en avant la création, l'innovation produit. C'est par exemple des mannequins qui valorisent des pièces designées spécialement par un créateur tendance pour la marque.

La deuxième fonction colle à l'appel saison. L'objectif est là de montrer ce que tout le monde veut à un moment donné de l'année. De positionner l'enseigne sur le produit phare qui s'arrache et dont tout le monde parle. Par exemple: le «top» porté par toutes les hipsters du moment dans la presse féminine.

La troisième fonction est l'appel promo où des panneaux affichent le prix cadeau proposé aux consommateurs. On trouvera ainsi en devanture des posters de grande dimension affichant des «-50%» ou «soldes».

Bien que le consommateur ne lui accorde en moyenne qu'entre deux et sept secondes[1], la vitrine est incontournable pour le magasin. Le plus souvent, notamment pour les enseignes vestimentaires, la vitrine est réajustée toutes les huitaines et changée toutes les quinzaines. Sa mise en place est coûteuse aussi bien en matériels qu'en ressources humaines.

Pour des grands magasins, le dispositif peut ainsi coûter jusqu'à 15 000 euros et mobiliser plusieurs personnes sur une journée. Poursuivons notre visite…

Lorsque la vitrine a attiré l'œil du futur consommateur et suscité son intérêt, il pénètre dans le magasin, c'est ce que l'on appelle «l'avant», ces quelques mètres carrés à l'entrée du magasin. Ceux-ci jouent le rôle de zone de décompression. Les sens du client sont en effet déstabilisés par la température ambiante, la lumière, les couleurs, les odeurs par rapport à ce qu'il vient de vivre (rue ou travée commerçante). Il convient donc de lui

---

1. Paco Underhill, *Why we Buy, the Science of Shopping*, Simon & Schuster, 2008.

laisser la possibilité de s'approprier ce nouvel espace, de le laisser prendre ses marques, sans trop «l'agresser».

Juste après l'entrée, des présentoirs valorisent les produits phares qui relaient, le plus souvent, la vitrine et ses messages : si la vitrine indique −50 % sur un jean, on va retrouver ce jean à −50 % sur le présentoir.

Cette zone fait, à elle seule, entre 25 et 33 % du chiffre d'affaires du magasin[1].

On dit de cette zone qu'elle est événementielle car elle change en fonction des dates clés de vente (Noël, Saint-Valentin, rentrée des classes...).

Sur ces présentoirs, le taux de rotation du produit est plus important qu'ailleurs dans le magasin. Il convient donc d'anticiper les besoins du consommateur, avec une politique d'achat qui couvre les prévisionnels des ventes, et de bien s'assurer de son réapprovisionnement.

Et puis, le consommateur va flâner dans le magasin, se lancer dans le parcours de découverte.

L'étude des flux montre que 70 % des clients entament leur parcours de découverte vers la droite après avoir dépassé les présentoirs d'entrée (donc 30 % vers la gauche). Le parcours du consommateur est alors déterminé par l'architecture du magasin (en U, en L, carré, etc.) et par la configuration de l'espace de vente. Quoi qu'il en soit, l'objectif reste le même : amener le consommateur à voir l'ensemble de l'offre, à faire le tour du magasin donc, et à susciter en lui l'achat d'impulsion.

Trois types de circulation sont généralement proposés.

D'une part, la circulation traversante, avec des blocs de présentoirs disposés de manière géométrique, à l'instar d'une GSS de bricolage qui propose une grille de consommation par univers : bloc 1, les clous, bloc 2, les luminaires, etc. Le désir va venir de la communication mise en place sur les présentoirs autour du prix ou du produit.

D'autre part, le circuit, à l'exemple d'Ikea, où le consommateur est transporté dans un parcours cohérent. La stimulation va venir des connexions entre les différents produits que va faire naître l'enseigne dans l'esprit du consommateur. Par exemple : si l'on achète ce canapé, il se mariera bien avec ce tapis. Pour bien montrer la pertinence de ces achats couplés, Ikea a créé un espace de présentation *in situ*, entre chaque univers, qui fait partie intégrante du parcours. Et pour donner de nouvelles idées au consomma-

---

1. Source : enseigne.

teur, un magazine aux images très travaillées est mis à sa disposition à l'entrée du magasin ainsi que dans chaque univers.

Enfin, la circulation dans un magasin construit autour d'îlots, comme autant d'histoires. C'est l'Apple Store où différents univers produits sont disposés aux quatre coins du magasin selon un dispositif spécifique que l'enseigne rend cohérent par son travail sur la marque et sur le service associé aux consommateurs : les Genius bars, les studios, les family rooms...

Quelle que soit la circulation envisagée, le magasin joue avec les émotions du consommateur. Il attire rationnellement par le prix et motive l'impulsion par l'émotion autour du produit. On sait aujourd'hui que 80 % des décisions prises par les acheteurs sont inconscientes. Il convient donc de parler à ces émotions, de réveiller les envies qui logent dans les tréfonds de l'inconscient.

La technique ne date pas d'hier. Déjà dans les bazars orientaux comme celui d'Istanbul au XVe siècle, le marchand devait exciter les sens en jouant sur les lumières, les couleurs, les parfums, avant d'entrer en scène et de théâtraliser l'achat par un discours et un jeu avec l'acheteur.

Aujourd'hui, ce sont des lumières plus ou moins vives à certains endroits du magasin pour mettre en valeur des produits à l'exemple de lumières tamisées chez Hollister, des musiques plus ou moins lentes en fonction des produits vendus à l'instar de la musique alternative américaine chez Gap, des senteurs exacerbées à forts pouvoirs évocateurs pour le consommateur chez Lush ou chez Sephora. Ce sont aussi des animations de magasin avec des troupes de théâtre comme le Cirque du Soleil aux Quatre Temps à La Défense...

Le consommateur circule et, à un moment, il est séduit par un produit. Dans ce cas, il va se poser la question de l'acheter ou pas. Pour trancher, évidemment en fonction des types de produit, il va vouloir le tester, l'essayer.

Dans bon nombre de magasins, l'essai fait partie intégrante du parcours d'achat. C'est une cabine dans un magasin de vêtement, ou l'écoute d'un disque dans un magasin culturel. Le plus souvent, un vendeur modère cet essai. Dans le cadre de la vente-conseil, ce vendeur va se servir de l'essai pour donner son avis et travailler le ressenti du client pour que l'offre rencontre la demande, et que l'achat s'ensuive. Autrement (pour la vente libre-service et libre-service assistée), le vendeur va simplement réguler les flux en cabine et reconditionner les produits qui n'ont pas rencontré l'adhésion du consommateur.

FOCUS

LES DÉTERMINANTS DE L'ACHAT

Le consommateur a suivi un parcours dans le magasin qui l'a amené à choisir des produits. Ce choix aura été conditionné par cinq déterminants, identifiés par R. Belk[1] :

- l'humeur du moment (déterminant psychologique) : en fonction des joies et des peines, le consommateur est plus ou moins enclin à la compensation, donc à l'achat d'impulsion ;
- l'état d'activité donc le pouvoir d'achat (déterminant économique) : l'état des finances personnelles modifie le budget alloué au shopping et impacte le panier moyen ;
- le moment de la journée/de l'année (perspective temporelle) : les périodes des fêtes ou des soldes « déculpabilisent » les achats quand d'autres mois (mars, novembre) sont souvent plus creux en prévision des dépenses à venir ;
- la sollicitation environnementale (déterminant physique) : la mise en scène du magasin aiguise l'envie du consommateur ;
- la nature de l'achetant. Belk l'appelle le « déterminant social » : un homme n'achète pas de la même manière qu'une femme. La femme va souvent voir le produit quand l'homme se déplace pour acheter. Selon P. Underhill[2], 65 % des hommes achètent un produit qu'ils ont essayé, contre 25 % des femmes. Le taux de transformation est donc différent en fonction des genres. Il l'est aussi en fonction du nombre de personnes accompagnant l'acheteur. Un groupe de jeunes femmes faisant du shopping est ainsi un très mauvais « investissement » pour un vendeur dans un magasin de vêtements car ce dernier va passer beaucoup de temps à les satisfaire pour une transformation très improbable. Le couple est, en revanche, un « investissement » intéressant, pourvu que le vendeur arrive à susciter le désir de la femme : l'homme étant le plus souvent enclin à céder aux envies de sa compagne...

Si le consommateur est séduit par le produit, arrive alors le moment de vérité : le décaissement. En fonction de la fréquentation, le passage en caisse est plus ou moins rapide. Pour de grosses unités, il peut être balisé et donner lieu à de l'attente, rarement appréciée par le consommateur

1. Russell Belk, *Consumption and Marketing*, South-Western Pub, 1995.
2. Paco Underhill, *Why we Buy, the Science of Shopping, op. cit.*

(au-delà de deux minutes d'attente, le client manifeste des signes d'impatience). Pour de simples boutiques, il est souvent simplifié.

En fin de parcours de vente, l'enseigne doit laisser une dernière «bonne impression» au consommateur par la qualité de l'accueil et par le niveau de service de la caissière. Cette dernière doit le remercier de sa venue et l'inciter à revenir en mettant en avant un dispositif de fidélité.

Au moment d'encaisser, la caisse interagit directement avec le niveau de stock: lorsque la caisse scanne un produit, celui-ci est immédiatement considéré comme quittant le stock magasin. Une information est alors envoyée automatiquement en fin de journée au siège, puis à l'entrepôt pour assurer le réassort. Le réassort va alors prendre plus ou moins de temps en fonction de la disponibilité du produit et de la possibilité de faire démarrer le camion: si le camion est monomarque, il démarre à des jours fixes – souvent les mardis et vendredis – quand il est multimarque, il démarre une fois rempli, avec les problèmes de réapprovisionnement que cela suppose.

La caisse joue enfin souvent le rôle de service après-vente. Ce qui n'est pas sans poser des problèmes au niveau de la gestion de flux. Il y a alors deux options: ou bien la caisse renvoie vers un service dédié à la gestion de l'après-vente, ou bien elle règle elle-même les litiges.

Voilà pour le parcours client en magasin. Il reste pourtant un dernier espace: le stock, qui comprend le stock de présentation et la réserve, seulement accessible par le vendeur.

La largeur du stock dépend en grande partie du type d'enseigne (et évidemment du type de produit). Plus l'enseigne a un positionnement «premium», moins il y aura de stocks en magasin. Ainsi, pour les retailers dans le luxe, on expose toutes les pièces disponibles dans le magasin. Il n'y a pas (ou peu) de stocks en réserve.

La grandeur du stock varie en fonction de la grandeur du magasin. Le stock en centre-ville aura moins de profondeur que le stock en zone commerciale.

La tendance actuelle est de voir la surface du stock diminuer, notamment en centre-ville: pour une enseigne vestimentaire grand public, la surface de stockage est ainsi en moyenne passée de 25 à 15 m² sur les dix dernières années.

Il y a donc du mètre carré disponible. Autant d'espace à utiliser pour maximiser la «*total shopping experience*».

À un moment où la connexion envahit le quotidien, le magasin doit lui aussi évoluer et se connecter. Un certain nombre de tests de digitalisation du point de vente ont été réalisés. Tous n'ont pas connu le succès escompté. Peut-être car les tenants de cette digitalisation à marche forcée ont perdu de vue ce qu'était un magasin et ont imposé des concepts marketing en les décontextualisant des besoins réels des clients. Aujourd'hui pourtant, les enseignes expérimentent tous azimuts. La volonté de digitalisation du magasin est là, le modèle gagnant, lui, est encore à trouver : quel rôle peut avoir le digital dans le magasin ? Où l'intégrer ?

Les outils digitaux en magasin

Le digital in store va reposer sur quatre outils : les dispositifs digitaux interagissant avec les smartphones, les tablettes, le mobilier intelligent (tables interactives, smartboards, bornes de réalité augmentée, etc.) et les écrans. Disposés dans le magasin, comment ces outils peuvent-ils en augmenter le potentiel marchand ?

D'abord, ces outils peuvent accroître la communication événementielle dans le magasin, notamment au niveau de la vitrine. La vitrine digitalisée peut ainsi passer des messages différents à l'entrée des magasins : avec un écran digital, l'enseigne n'adresse plus simplement le chaland sur un message unique (contrairement à une affiche), mais diversifie les messages pour toucher des cibles différentes. Identiquement, des écrans disposés dans le magasin permettent de délivrer des messages clés plus facilement et plus régulièrement.

FOCUS

LA VITRINE

Selon le Retail Club de Publicis Shopper, les vitrines sont un levier puissant de création de trafic avec 50 % des visites en magasin qui sont déclenchées par la vitrine.

La vitrine influence les achats puisque 20 % des achats ont été repérés en vitrine.

Digitaliser la vitrine, c'est mieux permettre l'immersion dans l'univers de la marque, c'est aussi mieux présenter la largeur de l'offre et favoriser la réactivité de la marque par rapport à des tendances, à une météo, et aussi pouvoir démultiplier les messages...

Digitaliser la vitrine, c'est aussi événementialiser le produit, innover dans l'expérience d'achat, créer une première interaction avant la visite en magasin, de l'engagement avec le consommateur.

En conclusion, la digitalisation de la vitrine nécessite de prioriser les missions données à ses vitrines, d'évaluer les solutions digitales qui se prêtent le mieux à ces missions, d'envisager les contenus qui correspondent le mieux aux messages que l'on souhaite délivrer et de bien travailler la scénarisation et l'intégration du digital en vitrine.

Cette digitalisation génère des économies substantielles sur la mise en place des communications instore. Qui plus est, elle libère les vendeurs de leurs obligations d'aménagement du magasin. Ce temps gagné leur permet de se dédier pleinement à la vente.

L'exemple à suivre – Yves Rocher, France: Yves Rocher crée une nouvelle relation avec ses clientes et leur communique des informations de manière plus interactive et dynamique *via* des vitrines interactives et des écrans digitaux dans ses magasins.

Ces outils peuvent, de même, créer une atmosphère particulière dans le magasin, enrichir l'expérience de consommation. Il s'agit d'interpeller, d'impressionner par l'outil digital et de proposer des contenus liés à la marque, dans une logique de valorisation de l'ego du consommant. Ici l'expérientiel l'emporte sur l'informatif.

L'exemple à suivre – Vanquish, Japon: dans le magasin digitalisé Vanquish, quand on enlève un produit suspendu sur un cintre, automatiquement l'écran le plus proche délivre des informations sur ce produit. Chaque cintre est relié à un numéro d'identification (ID), et communique avec un PC en temps réel. Quand le cintre est retiré, le PC en est informé et envoie le vidéoclip correspondant sur l'écran le plus proche.

Le digital peut aussi densifier le territoire du produit, et ce à plusieurs titres.

Le digital peut se faire pourvoyeur d'informations produits complémentaires: coloris proposés, nombre de références disponibles dans le stock, références supplémentaires dans le catalogue...

Il peut engendrer de la personnalisation. Au niveau du produit bien sûr, mais aussi de la distribution, et faciliter la traçabilité. Ainsi, une interaction entre le producteur et le consommateur peut être envisagée à chaque étape de la vie du produit, de sa fabrication à son entretien et son éventuel recyclage.

L'exemple à suivre – NikeID, États-Unis : le module de customisation NikeID permet de créer une chaussure qui correspond pleinement à ses goûts et à ses couleurs favorites. Sur un iPad, chez soi, ou en magasin.

Le dispositif numérique contextualise le magasin. Outre sa présentation, le produit peut être mis en valeur à travers différents usages et histoires (histoires sur la tradition du produit, histoires autour des ambassadeurs de la marque, avis d'experts, partages d'information avec la communauté...), avec *in fine* des suggestions de cross-selling. Le magasin porte un storytelling qui rassure le consommateur et densifie le territoire produit.

Par ailleurs, le digital positionne le point de vente dans son environnement géographique. La géolocalisation permet d'envisager l'omnistore, le magasin comme élément d'un réseau de points de vente : l'indisponibilité d'une pièce dans le magasin n° 1, mais sa disponibilité dans le magasin n° 2 situé à *x* centaines de mètres seront notifiées directement sur le smartphone du consommateur qui n'aura plus qu'à se rendre sur place pour chercher l'objet désiré.

L'exemple à suivre – Burberry, Royaume-Uni : dans le flagship Burberry, le personnel est équipé de solutions de paiement mobile, des écrans interactifs sont installés à l'entrée de chaque univers, des tablettes permettent de personnaliser les produits phares de la marque, des animations vidéo habillent les écrans de tout le magasin.

Enfin, la digitalisation transforme la notion de flux en magasin : flux financiers avec la possibilité donnée au vendeur de finaliser l'achat, sans passer par les caisses, par un module de paiement mobile, ou même la capacité donnée au consommateur de payer en toute autonomie, ce que l'on appelle le self check out ; flux logistiques avec un pilotage en temps réel des déstockages et une gestion optimisée des problèmes de démarque ; flux d'informations avec la possibilité de croiser les données du consommateur, de répertorier ses historiques de consommation, de tracer ses commandes pour lui prodiguer les meilleurs conseils et lui présenter des offres qui correspondent à son comportement d'acheteur.

L'exemple à suivre – Sephora, France : l'application iPod MySephora permet une reconnaissance du client avant son passage en caisse, pour connaître ses habitudes d'achat, vérifier ses informations personnelles et lui proposer des offres promotionnelles ciblées. Fin 2013, 80 boutiques françaises en étaient équipées. Autre expérimentation chez Sephora : le paiement *via* terminaux mobiles, testé avec succès dans une vingtaine de magasins pour augmenter la capacité d'encaissement en cas d'affluence.

On le voit, le dispositif numérique augmente les possibilités de vendre. Un certain nombre d'outils sont à la disposition du retailer. En fonction de ce que le retailer veut susciter chez le consommateur – que ce soit créer de la considération autour du produit, accompagner le choix (l'évaluation du produit), faciliter le décaissement (l'achat), créer une expérience de consommation ou simplifier le processus de fidélisation –, il disposera de tel ou tel outil. Le tableau ci-dessous mesure l'impact de chaque outil dans le parcours du consommateur.

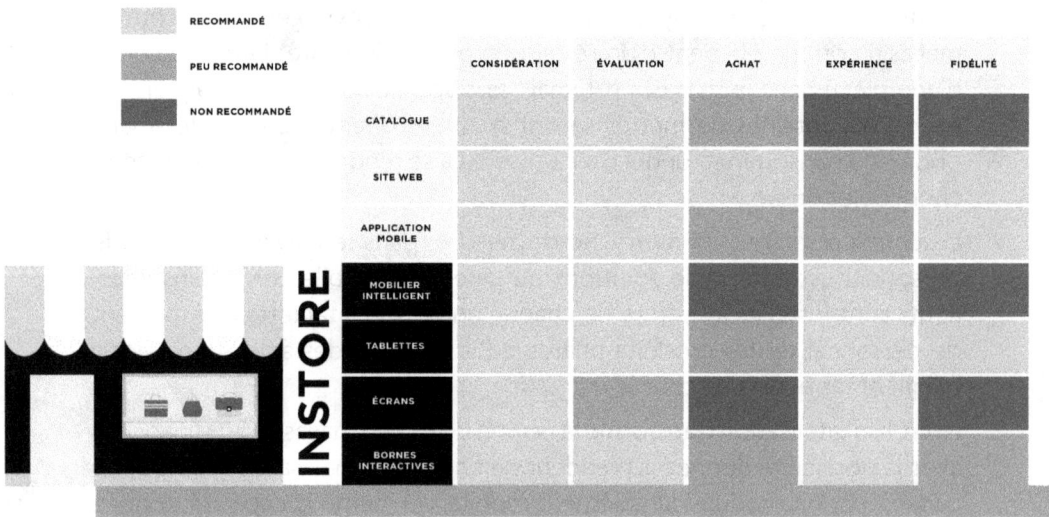

Légende :
- RECOMMANDÉ
- PEU RECOMMANDÉ
- NON RECOMMANDÉ

	CONSIDÉRATION	ÉVALUATION	ACHAT	EXPÉRIENCE	FIDÉLITÉ
CATALOGUE	Recommandé	Recommandé	Peu recommandé	Non recommandé	Non recommandé
SITE WEB	Recommandé	Recommandé	Recommandé	Peu recommandé	Recommandé
APPLICATION MOBILE	Recommandé	Recommandé	Peu recommandé	Peu recommandé	Recommandé
MOBILIER INTELLIGENT (INSTORE)	Recommandé	Peu recommandé	Recommandé	Recommandé	Peu recommandé
TABLETTES (INSTORE)	Recommandé	Recommandé	Recommandé	Recommandé	Recommandé
ÉCRANS (INSTORE)	Recommandé	Peu recommandé	Peu recommandé	Recommandé	Non recommandé
BORNES INTERACTIVES (INSTORE)	Recommandé	Recommandé	Recommandé	Peu recommandé	Recommandé

Dans le processus de consommation hors magasin, trois outils sont utilisés : le catalogue, le site internet et le site/l'application mobile. Chacun de ces outils est plus ou moins impactant dans le parcours du consommateur : le catalogue est un outil qui sert notamment pour créer de la considération autour du produit et permet de l'évaluer, mais qui ne permet pas de gérer facilement la fidélité et propose une expérience assez pauvre ; le site web va contribuer à la considération du produit, à son évaluation, va faciliter l'achat et la gestion du programme de fidélité, mais pécher au niveau de l'expérience proposée. Un peu comme le mobile.

En magasin, quatre outils digitaux peuvent accompagner la vente : des tablettes, des écrans, des bornes interactives et du mobilier intelligent.

À part pour la partie paiement, la tablette est un outil impactant au niveau de la vente : dans la considération du produit, son évaluation, dans l'expérience qu'elle propose au consommateur et parce qu'elle peut faciliter la gestion de la fidélité.

Les bornes interactives et le mobilier intelligent vont accroître la considération du produit et faciliter l'évaluation ainsi que créer une expérience ludique pour le consommateur. Enfin, les écrans sont avant tout utilisés pour créer de la considération et enrichir l'expérience de vente.

L'installation du digital en magasin

Il n'y a pas de magasin qui ressemble à 100 % à un autre magasin. Tout part de l'analyse de la coque, l'espace de vente vide, avant tout aménagement. Quelle que soit la spécificité de sa configuration, on peut retrouver dans le magasin trois types de zones : les zones chaudes naturelles, là où le consommateur est naturellement attiré, les zones chaudes commerciales, là où le consommateur est attiré après stimulation du distributeur, et les zones froides, là où il est difficile de l'amener, cette dernière zone sert généralement au stockage.

La digitalisation doit embrasser l'ensemble de ces zones, et servir, le plus possible, à réchauffer les zones froides. Où positionner le digital dans les différentes zones du magasin ?

À l'avant du magasin

Cette zone concentre un nombre important de visites. Afin de ne pas entraver les flux, il convient de limiter les dispositifs digitaux à cet endroit. L'idée est plutôt de se servir de l'espace en hauteur pour proposer des dispositifs d'aide à la vente, avec des messages qui vont reprendre ceux de la vitrine et changer en fonction du moment de la journée (et demain, en fonction des typologies d'acheteurs) ou guider le consommateur vers une zone événementialisée.

Dans le parcours « découverte »

Le digital peut avoir un rôle important dans la publicité autour du prix des produits. La question que l'enseigne doit se poser est: y a-t-elle intérêt? La réponse ne peut être que spécifique à chaque enseigne. Proposer des moteurs de comparaison prix en temps réel peut être un pari gagnant, comme ce fut le cas pour Leclerc, mais cela peut aussi entraver la vente du produit (jugé trop cher) et créer de la confusion dans l'esprit du consommateur.

En revanche, le digital peut valoriser le storytelling autour du produit.

Ce sera de la PLV dynamique qui permet de faire vivre le produit cosmétique dans un grand magasin, ce sera une borne interactive qui permettra de composer des looks en fonction des budgets dans des magasins de mode ou un QR code qui donnera accès à du contenu enrichi dans une concession automobile.

Il convient de s'assurer au préalable que le dispositif ne représente pas une trop grosse contrainte pour les merchandisers et qu'il ne perturbe pas leur travail au quotidien (rangements, stockage...).

Le contenu des messages doit bien évidemment varier en fonction des typologies de produits et des consommateurs adressés. La disposition des outils digitaux doit, quant à elle, s'adapter à l'architecture du magasin et au parcours consommateurs. On est là dans du cas par cas.

La digitalisation du parcours client instore a un impact majeur sur la disposition du magasin. L'offre pouvant être digitalisée, donc dématérialisée, de l'espace se libère dans le point de vente. En conséquence, la logique du magasin doit être repensée.

CAS

LA DIGITALISATION DE LA FNAC BERCY

Le distributeur a transformé un de ses points de vente après la dématérialisation d'une partie de son offre. L'espace vacant a été utilisé pour séduire de nouveaux consommateurs.

L'enseigne, qui a dématérialisé son catalogue, a ouvert un nouveau concept commercial où toute son offre est disponible en partie en point de vente, et pour le complément, sur des tablettes *via* des applications. L'espace dégagé a pu être réutilisé en corners: un espace dédié aux enfants de 0 à 13 ans, un espace SFR pour vendre des téléphones mobile, un rayon Maison & Design (qui auparavant était totalement étranger à l'ADN de la Fnac), un espace service client...

Ces nouveaux rayons enfants et petit électroménager ont apporté des relais de croissance (8 % du chiffre d'affaires) et compensé la baisse structurelle des autres marchés.

La Fnac s'est, par ailleurs, engagée pleinement dans la bataille de l'omnicanal. Par exemple, les vendeurs sont intéressés aux ventes de Fnac.com, et ont été reformés (15 millions d'euros investis). L'enseigne s'est aussi positionnée sur des prix plus attractifs pour contrer la concurrence au moyen de renégociations commerciales avec les fournisseurs et 135 millions d'euros d'économies réalisés en deux ans sur l'exploitation de ses points de vente.

Dans la zone d'essai

En fonction des enseignes, pendant l'essai, des dispositifs digitaux permettent de générer de la vente additionnelle. Pourquoi ne pas imaginer, par exemple dans un magasin de vêtements, que la vendeuse préposée aux essais scannerait les pièces choisies par la consommatrice, et instantanément, dans la cabine désignée, un écran diffuserait les produits complémentaires aux pièces scannées, dans une logique de cross-selling ?

Un peu à l'exemple de ce que fait JC Penney aux États-Unis avec la borne interactive Find More. Cette tablette située à l'intérieur des magasins JC Penney permet de retrouver les 250 000 références de l'enseigne, de savoir où sont stockés les produits à des tailles et à des couleurs différentes dans et en dehors du magasin. Le consommateur a juste à scanner son code-barres sur la borne et à sélectionner l'information de son choix. De plus, l'application propose des produits additionnels en adéquation au produit sélectionné et présente à la demande les derniers looks à la mode. Find More permet aussi d'échanger avec sa communauté autour du produit, de l'acheter directement et de se le faire livrer à domicile.

Sur la même idée, toujours sur l'écran en cabine, pourquoi ne pas pousser des produits à plus forte valeur ajoutée, dans une logique d'up-selling ? Vous avez aimé ce jean bleu à 29,99 euros, vous avez de grande chance d'aimer ce jean avec des paillettes à 39,99 euros...

Le digital a toute sa place au moment où le consommateur essaie le produit. Pour apporter des informations complémentaires au consommateur.

Pour densifier l'univers du produit, le relier à une histoire, et raccorder le produit à une communauté.

RETOUR VERS LE FUTUR

LA CABINE D'ESSAYAGE VIRTUELLE ET LE SCANNING 3D

La cabine d'essayage virtuelle

Début 2014, eBay a racheté la technologie de cabines d'essayage virtuelles Phisix. Cette technologie permet de reproduire les vêtements en 3D à partir de photos. Ainsi, les clients peuvent visualiser comment les vêtements leur vont virtuellement avant de les acheter, sans avoir à les essayer. Il leur suffit seulement de prendre la photo, de saisir leur mensuration et la machine fait les recommandations toute seule et indique si la taille et le type de produit correspond à leur morphologie... Lorsque, demain, des miroirs connectés seront disponibles dans nos salles de bains, nous pourrons essayer les vêtements, sans même bouger de chez nous, pourvu que la photo ait été bien prise...

Le scanning 3D

Cette technologie permet de prendre les mesures d'un individu le plus précisément possible *via* un scanner en point de vente. Après le scan, la machine propose une sélection de produits les plus en adéquation avec la physionomie du consommateur. La marque Newlook en a déjà installé un dans sa boutique au sein du centre commercial Westfield à Londres, qui fournit des recommandations sur le style et la taille de jeans qui conviennent le mieux au consommateur.

En France, l'enseigne Les Nouveaux Ateliers offre des costumes sur mesure grâce à la technologie des scans 3D. Il suffit de se rendre dans la cabine 3D de ces boutiques de nouvelle génération et, en quelques instants, les dimensions sont prises.

Comment ça marche ? L'utilisateur entre dans une boîte en plastique. En une dizaine de secondes, une baguette contenant 196 antennes prend 200 000 mesures. Elles sont enregistrées en ligne, sur un profil personnalisé. Et quand toutes les mesures sont prises, l'algorithme propose les modèles qui correspondent le mieux au profil du consommateur.

Dans la zone d'encaissement

Quoiqu'il y ait des inquiétudes sur sa sécurité et des réticences face à sa complexité, le paiement mobile est un usage appelé à s'imposer.

Selon une étude publiée par Morgan Stanley, les revenus du paiement mobile pourraient grimper de 175 milliards de dollars fin 2013 à 250 milliards de dollars en 2015 dans le monde. Des acteurs bancaires comme Société générale ou BNP Paribas en France investissent énormément sur ce nouveau mode de paiement, Apple réfléchit à enrichir la gamme de produits acquis par l'intermédiaire d'un compte iTunes, Google a lancé le Wallet, les opérateurs de carte bancaire, Visa en tête, ont développé Square.

▶ **POUR EN SAVOIR PLUS –** www.youtube.com/ watch?v=VuFVsaFCzsw&hd=1

Résultat, la caisse que l'on connaît aujourd'hui va muter.

La première étape est déjà en cours. C'est la coexistence du self checkout avec des caisses physiques où il y a, d'un côté, la caissière humaine pour gérer le contact et la complexité, et, de l'autre, des bornes configurées pour faciliter le décaissement réalisé par le consommateur lui-même. Cette étape mobilise des investissements machines (l'achat des bornes), humains (le contrôle des machines), et est autant consommatrice d'espace qu'elle est incertaine en termes de gestion des flux clients. Elle ne peut donc être que transitoire. D'autant plus que le consommateur n'y trouve pas son compte : il n'est pas rémunéré pour le service qu'il rend à l'enseigne. Dans certains cas, qui plus est, il culpabilise à l'idée de prendre la place d'un opérationnel et de produire du chômage.

La deuxième étape pourrait être le dédoublement caissière/vendeur. La caissière subsisterait toujours, mais dans une logique plus « SAV » où elle gérerait les problèmes rencontrés par le client, tandis que le vendeur pourrait décaisser son client directement sur sa tablette. Cette solution posera néanmoins la question de la disponibilité du vendeur. Si le vendeur opère l'intégralité de la vente, du conseil à l'encaissement, le temps qu'il pourra consacrer à chaque client pour bien vendre se heurtera à sa logique de profitabilité personnelle. Il y aura donc deux risques : risque n° 1, que le vendeur expédie son client pour faire du chiffre, et s'il ne le fait pas, risque n° 2, que le vendeur ralentisse le flux clientèle.

La troisième étape pourrait rendre obsolète l'encaissement tel qu'on le connaît. Le vendeur vendrait. La caissière deviendrait une gestionnaire SAV. Le paiement se ferait automatiquement à la sortie du magasin par des capteurs qui relieraient un produit «technologisé» au moyen d'une puce NFC à un portefeuille électronique qui serait débité automatiquement, et interagirait simultanément avec le stock. Nous n'en sommes évidemment pas encore là, quoique...

Dans de nouvelles zones

Le digital est décisif pour attirer et convertir les clients tout au long du parcours d'achat en dehors, mais aussi dans le point de vente. Le digital renforce l'importance du contenu, des messages, dans le processus de vente en magasin.

Il modifie les flux d'informations. Dans un magasin de luxe, où la négociation est de mise, le digital permet aux vendeurs d'interagir discrètement avec leur directeur, facilite la prise de décision. Le digital met tous les acteurs de la vente en réseau, leur permet d'accéder plus rapidement à l'information clé (une disponibilité, un diagnostic...).

Le digital transforme le magasin pour ses acteurs et pour ses spectateurs, les clients.

Ces derniers, surinformés, attendent de nouvelles expériences, de nouveaux services, de nouveaux échanges. Plus de sens et de sensations, plus d'humanité.

Un consommateur qui cherche un téléviseur est ainsi allé en moyenne neuf fois sur Internet avant de se présenter en point de vente[1]. Son choix est alors déjà fait. Il vient en magasin exclusivement pour voir le produit qui l'anime. Directement. Sans suivre le parcours de découverte qui ne l'intéresse pas. Sans désirer un contact avec un vendeur, sauf, le cas échéant, pour le tester ou pour négocier avec lui le prix.

Comment dans ce contexte s'assurer que ce consommateur achète bien en magasin ?

Revenons au bazar oriental. Le bruit se joint à l'odeur, les couleurs éclatent

---

1. Source : Fevad.

aux yeux. Il y a une mise en scène des produits, un ordre désordonné qui interpelle le client. Le magasin connecté doit s'en inspirer : du bruit, des odeurs, un foisonnement de couleurs pour créer une expérience inédite.

De nouveaux îlots expérientiels doivent apporter de la valeur, peuvent stimuler l'échange : des corners d'essais du produit, des zones « vides » type agora pour faciliter les contacts humains « désintéressés », des espaces de jeux...

L'enseigne The Kase l'a bien compris. En plein milieu de leurs boutiques, derrière un imposant miroir, trône l'imprimante laser qui permet aux clients de customiser leurs coques de smartphones. Et ça marche ! Un samedi, en heure de pointe, en moyenne 30 clients viennent voir la machine qui sert de prétexte aux vendeurs pour engager la conversation. Résultat : 10 ventes par heure en moyenne[1].

Par ailleurs, la cohérence du dispositif digital (et des messages) est primordiale. Il ne faut surtout pas ajouter des surcouches digitales les unes sur les autres, mais soigner la scénarisation des produits, travailler leurs écrins pour tout simplement donner envie.

Une grande enseigne d'électroménager a ainsi surcommuniqué sur le lancement de son magasin connecté à Beaugrenelle. Quelques jours après le lancement, lorsque l'on pénétrait dans le point de vente, les bornes interactives ne fonctionnaient pas, des écrans tactiles (quand ils fonctionnaient) étaient disposés de façon incohérente sur les présentoirs, et les vendeurs ne savaient même pas quelle était la différence entre ce magasin connecté et les autres magasins de l'enseigne.

BOÎTE À OUTILS

LE DIGITAL DANS LE MAGASIN

La digitalisation du magasin doit :

- donner accès à un maximum d'informations dans le magasin ;
- permettre la commande en ligne dans le magasin ;
- introduire la communauté de consommateurs dans le processus de vente : classement « Top 10 » des clients sur une famille produit, les avis par communautés de consommateurs...

---

1. Source : vendeurs The Kase SoWest.

Le vendeur digitalisé

Parce que sur les marketplaces, le client se retrouve seul face à des produits « sans âme », il ne faut pas sous-estimer le rôle que va reprendre la relation humaine dans le processus de vente.

L'humain va faire partie intégrante de l'expérience, en devenir l'élément majeur.

Nécessairement, le vendeur va voir sa fonction évoluer.

À l'origine, le vendeur est le représentant de l'enseigne, celui qui identifie le besoin conscient ou non du client, décèle ses intentions d'achat, s'adapte à sa logique, présente les produits, et évidemment celui qui l'engage dans l'acte d'achat. C'est aussi lui qui va s'assurer de sa satisfaction après la vente.

FOCUS

TROIS TYPES DE VENDEURS

En fonction du type de commerce, le rôle du vendeur va différer : le vendeur libre-service étant différent du vendeur libre-service assisté qui lui-même est distinct du vendeur conseil.

Le vendeur libre-service a essentiellement pour rôle d'éviter les ruptures. Ce n'est qu'à la marge qu'il interviendra pour conseiller ou servir le client.

Le vendeur libre-service assisté viendra en support du client si celui-ci lui en fait la demande. Il doit avant tout laisser le consommateur libre dans son choix de produits.

Le vendeur conseil, en revanche, est à l'entière disposition du client pour le conseiller dans ses achats.

Mais alors, qu'est-ce qu'un bon vendeur ?

Traditionnellement, le bon vendeur est celui qui a travaillé son « humanité communicante » (capacité d'écoute, confiance, puissance du verbe), celui qui connaît parfaitement son produit et la manière de le mettre en valeur, et celui qui maîtrise une technicité commerciale pour traiter le besoin client.

Digitalisés ou pas, les fondamentaux du bon vendeur demeurent essentiels.

En l'augmentant d'outils digitaux, ce bon vendeur va pouvoir décupler son niveau de service.

Encore faut-il qu'il accepte ce nouvel outil, ce qui n'est pas chose simple : comment amener le vendeur à se digitaliser ?

La résistance au changement est une réalité. Petite anecdote : un grand constructeur automobile français a doté ses vendeurs de tablettes pour les aider à vendre. En allant en concession, nous avons pu constater que la vente s'opérait en face à face et que la tablette restait rangée dans un tiroir pour éviter qu'elle prenne la poussière.

Une concertation avec les principaux intéressés, les vendeurs (et leurs représentants syndicaux si nécessaire), semble un préalable à la mise en place d'outils digitaux. Ainsi, un opérateur national de pompes funèbres a étudié le besoin de ses représentants en région, et les a impliqués totalement dans la conception de la tablette qu'ils utiliseront. Logique bottom-up donc.

Une envie partagée à tous les niveaux de la hiérarchie commerciale semble obligatoire : la volonté de la direction générale doit être relayée au niveau de la direction réseau et des directions régionales pour s'assurer d'une transformation effective. Sponsoring et leadership.

Évidemment, une formation des équipes en magasin et un contrôle fréquent sur les premiers mois de la transformation sont des prérequis indispensables. Prendre soin des équipes de vente est souhaitable si l'on veut qu'elles prennent soin des clients. Training et contrôle.

Enfin, ces outils doivent préserver les équilibres économiques du magasin. Évidemment, la tablette doit servir le client final. Mais elle doit aussi servir le vendeur et la direction du magasin.

Est-ce que cela passe par une refonte de la politique de rémunération ? Si oui, sur quels critères ? Doit-on valoriser la qualité de la relation, l'accompagnement, l'expertise ? Et si c'est le cas, est-ce que l'on réaménage les accords d'entreprise ? Est-ce que l'on propose un avenant dans les contrats de travail ? Est-ce que l'on revoit totalement l'organisation pour casser certains modes de fonctionnement en silos (commerce *vs* e-commerce ; marketing *vs* commerce *vs* informatique) ?

Les réponses à ces questions ne peuvent qu'être spécifiques à chaque structure.

BOÎTE À OUTILS

COMMENT DIGITALISER LE VENDEUR?

1. Impliquer toutes les équipes de vente dans le changement: du directeur commercial au simple vendeur.
2. Revoir les systèmes de rémunération pour inciter au changement.
3. Former et contrôler régulièrement les points de vente.

Une fois que l'outil est accepté et que le vendeur veut bien l'utiliser, reste à trouver le juste positionnement entre le vendeur et l'outil.

Notre credo est simple: l'outil ne peut se substituer à la politique commerciale. En revanche, il peut contribuer à son développement.

Aujourd'hui, le vendeur peut être désarmé face à un client surinformé. Le doter d'une tablette, c'est aussi lui donner les moyens de retrouver du sens, de regagner pleinement sa fonction. Par le niveau d'information auquel il aura accès, il va pouvoir lever les dernières incertitudes du client, tout en créant le lien humain dont a besoin l'enseigne pour se différencier: si mon vendeur habituel m'apporte satisfaction et me vend ce dont j'ai besoin en fonction de qui je suis, pourquoi changer?

Trois nouveaux rôles vont donc émerger.

D'abord le rôle d'ambassadeur. Son objectif: enjoliver l'expérience de marque. Chez Chanel, par exemple, la vendeuse installe le client sur un canapé et lui tend une tablette pour consultation. Elle se tient à la disposition du client et attend d'être sollicitée.

Deuxième rôle, celui de conseiller. Son objectif: inciter le consommateur à acheter en magasin. Chez Best Buy, les vendeurs connaissent leurs produits parfaitement, et bénéficient d'espaces de tests en magasin pour discuter avec leurs clients du produit. En créant une relation personnelle, ils créent les conditions d'une vente en magasin.

Enfin, le rôle de synchronisateur entre les différents canaux. Son objectif: accroître la fidélisation du consommateur au magasin. Plutôt que de perdre du temps sur une hotline, le consommateur préférera se fier au vendeur qu'il connaît pour répondre à ses besoins et régler ses éventuels problèmes. Toujours chez Best Buy, chaque vendeur donne son e-mail. Ainsi, après un achat, le client peut contacter son vendeur pour procéder à l'assistance.

Les vendeurs Best Buy sont même disponibles en dehors des horaires du magasin sur les plates-formes sociales.

BOÎTE À OUTILS

COMMENT TRANSFORMER LA VENTE ?

Il convient d'adapter les vendeurs à la nouvelle vente, ce qui passe par :

- former les vendeurs à traiter chaque client comme son propre client quel que soit le canal d'achat ;
- créer pour les vendeurs des accès simplifiés aux historiques clients pour faciliter la compréhension de leurs attentes et leur demander d'enrichir systématiquement les bases de données ;
- organiser la transmission d'informations en interne pour éviter la déperdition : le community manager doit par exemple alerter le call center lorsqu'il identifie un problème client.

Le community manager ? C'est celui qui participe à la démarche qualité CRM de l'entreprise en fluidifiant l'information recueillie et en dialoguant, notamment sur les réseaux sociaux, au nom de la marque avec la communauté. C'est lui qui initie les conversations, canalise la créativité des fans de la marque, nourrit les interactions. C'est lui aussi qui lance les alertes consommateurs.

Dans tous les cas, le client qui aura passé du temps à se renseigner sur le produit qu'il désire attendra de l'humilité, de la convivialité, de l'émotion de la part de son conseiller.

Est-ce à dire que les fondamentaux de la vente restent plus que jamais d'actualité dans l'environnement digitalisé ?

Dans la vente, tout part du relationnel, de la connaissance client.

Les 5C restent les 5C : consulter (préparer sa vente), contacter (susciter l'intérêt), connaître (comprendre le contexte du client), convaincre (s'adapter à la logique du client), conclure (engager et négocier).

Mais avec le digital, ils vont évoluer au moment de :

- préparer la vente. Le manager du magasin va devoir sensibiliser son équipe de vendeurs aux différents types de clientèle qu'ils risquent de rencontrer : ceux qui achètent en point de vente et se sont renseignés avant, ceux qui achètent en point de vente et se renseignent sur le point de vente grâce au digital, ceux qui vont repérer en magasin, mais préfèrent acheter en ligne, ceux qui viennent en point de vente par hasard, ceux qui viennent sans savoir réellement ce dont ils ont besoin, ceux qui sont fidèles et viennent pour racheter un produit... Une multitude de profils doit être considérée en amont de la vente. C'est pourquoi l'équipe commerciale doit anticiper ces situations d'achat complexes, et imaginer les meilleures réponses à donner à chaque type de client. Chez House of Fraser au Royaume-Uni, par exemple, un accueil particulier est réservé aux acheteurs en ligne qui viennent retirer leur commande ;

- susciter l'intérêt. L'expérience produit va changer. Par exemple, Renault a développé un configurateur en 3D qui permet au vendeur de concevoir avec son client une voiture sur mesure. Le digital va rendre l'expérience du produit plus parlante, son environnement plus attractif. Il va falloir, en complément de l'outil, soigner ses «pitchs». Pas en racontant des promesses intenables, mais en décrivant le produit proposé justement, en une ou deux phrases fortes. Parce que le nouveau consommateur n'a plus le temps et qu'il est trop informé pour croire naïvement le vendeur ;

- connaître le besoin. Le digital va permettre au vendeur d'identifier plus facilement les besoins, notamment à travers des parcours de découverte type. Un grand réseau de pompes funèbres français a ainsi créé un parcours «commercial» type avec des points d'entrée différenciés en fonction des problématiques mortuaires : ainsi, si la mort a été subite, ou si celle-ci résulte d'une longue maladie, il y aura un parcours de vente, un accompagnement différent ;

- convaincre. Le digital va apporter un complément d'expertise et de conseil pour assister l'argumentaire commercial. Ce seront des simulations d'usage, des informations sur la disponibilité du produit, des explications sur son utilisation et sa maintenance à l'instar de ce que montrent les vendeurs Lowe's, le grand magasin de bricolage aux États-Unis, à leurs clients sur leurs tablettes. Mais attention, ce n'est plus le vendeur qui a la maîtrise du temps de la vente, mais l'acheteur. Et si ce dernier fait du «slow shopping», il faudra rester à son écoute, même si c'est consommateur de temps, quitte à le laisser partir et le recontacter quelques jours plus tard ;

- conclure et négocier. La gestion des encaissements va changer comme nous l'avons déjà évoqué. Demain peut-être, le digital indiquera en temps réel la marge de négociation possible au vendeur sur chaque produit, en fonction de données macro – comme le taux de change –, et micro – comme l'état du stock – pour qu'il fasse sa vente.

Surtout, le digital permettra de prendre soin du consommateur après l'achat. On pourra le remercier d'avoir choisi la marque et son produit sur ses réseaux sociaux préférés ; on pourra créer de l'engagement et lui demander de jauger l'expérience de vente avec un mini-questionnaire numérique comme c'est déjà le cas aujourd'hui chez Apple aux États-Unis ; on pourra faciliter l'après-vente en lui offrant des solutions souples pour résoudre son problème en multicanal. La vente sera alors une expérience intégrée, avec du community management post-vente en soutien du dispositif magasin.

FOCUS

LE NOUVEAU VENDEUR

Le nouveau vendeur doit être :

- un ambassadeur de la marque ;
- un conseiller autour du produit ;
- connecté avec son client même après la vente.

Et si jamais le vendeur refuse de s'adapter ?

Le droit est clair : il y a possibilité de licencier un salarié qui ne s'adapterait pas à ses nouvelles conditions de travail. Ou alors, en fonction de son âge, de le mettre en retraite anticipée.

Bien évidemment, cela s'accompagnerait au préalable d'obligations d'adaptation et de reclassement.

L'article L. 1233-3 du Code du travail pose clairement que « constitue un licenciement pour motif économique le licenciement effectué par un employeur pour un ou plusieurs motifs non inhérents à la personne du salarié et résultant d'une suppression ou d'une transformation d'emploi, ou d'une modification, refusée par le salarié, d'un élément essentiel du contrat de travail, consécutives à des difficultés économiques ou à des mutations technologiques ».

Ce qui a été confirmé par la Cour de cassation le 25 octobre 1992 : « Un salarié est licencié s'il ne s'adapte pas à la nouvelle façon de travailler suite à une informatisation des tâches. »

Mais attention, l'article L. 1233-4 du Code du travail stipule en effet que « le licenciement pour motif économique d'un salarié ne peut intervenir que lorsque tous les efforts de formation et d'adaptation ont été réalisés, et que le reclassement[1] de l'intéressé ne peut être opéré dans l'entreprise ou dans les entreprises du groupe auquel l'entreprise appartient ». Les offres de reclassement doivent être écrites, précises, concrètes et personnalisées.

Il incombe à l'employeur de justifier les actions qu'il a menées pour permettre au salarié de bénéficier de mesures d'adaptation et de reclassement.

Il y a, par ailleurs, des critères d'ordre de licenciements qui sont édictés par l'article L. 1233-5 du Code du travail : « Lorsque l'employeur procède à un licenciement collectif pour motif économique et en l'absence de convention ou accord collectif, il définit les critères pour fixer l'ordre des licenciements, après consultation du comité d'entreprise, ou à défaut, des délégués du personnel. Ces critères prennent en compte : les charges en famille, l'ancienneté de service, les caractéristiques sociales des salariés, les qualités professionnelles appréciées par catégorie. »

C'est important de suivre le dispositif de cet article car, selon la Cour de cassation du 24 septembre 2008, « l'employeur qui procède au licenciement économique d'un salarié sans cause réelle et sérieuse car il n'a pas rempli ses obligations concernant son reclassement, et qui, par ailleurs, malgré sa demande, ne lui a pas indiqué les critères retenus pour établir l'ordre des licenciements, s'expose au cumul de l'indemnité pour absence de cause réelle, et l'indemnité pour non-réponse au salarié ».

FOCUS

LE PROCESSUS DE LICENCIEMENT MAGASIN

Le processus de licenciement de 2 à 9 salariés sur une période de 30 jours.

L'employeur doit consulter le comité d'entreprise ou les délégués du personnel sur le projet de licenciement. Il définit, le cas échéant, si la convention ou l'accord collectif ne les ont pas prévus, les critères de l'ordre des licenciements envisagés, puis il procède à la recherche de possibilités de reclassement. Si des postes sont vacants dans l'entreprise, il doit émettre des propositions concrètes. Ensuite, l'employeur convoque les salariés concernés à un entretien préalable en respectant

---

1. Voir articles L. 1233-5 et L. 1233-71 du Code du travail pour le détail du reclassement.

au moins un délai de cinq jours ouvrables complets avant le jour de l'entretien, en lui mentionnant qu'il peut se faire assister par un salarié de l'entreprise ou par un conseiller (son avocat).

Au cours de l'entretien, l'employeur indique au salarié le ou les motifs de licenciement économique et lui propose d'adhérer à la convention de reclassement personnalisée si l'entreprise comporte moins de 1 000 salariés. Le salarié a alors 21 jours pour accepter cette proposition à compter de la date de remise de la convention de reclassement personnalisée. S'il l'accepte, le salarié remet à l'employeur le bulletin d'acceptation avec son accord. Le contrat de travail est rompu au terme du délai de 21 jours et l'employeur lui verse son indemnité de licenciement, ainsi qu'une allocation spécifique de reclassement sur 12 mois s'élevant à 80 % du salaire de référence.

NB : Pour un licenciement de plus de 10 salariés, la procédure est plus complexe. Il conviendra de distinguer les entreprises de moins de 50 salariés de celles de plus de 50 salariés, avec ou sans délégués du personnel.

Cette complexité tient essentiellement au nombre d'acteurs à informer des procédures de licenciement : CHSCT, Direccte[1].

Reste la possibilité de mettre certains vendeurs à la retraite.

La loi du 17 décembre 2008 pose que le salarié peut refuser sa mise en retraite jusqu'à l'âge de 70 ans. En revanche, à partir de 65 ans, l'employeur peut chaque année interroger par écrit le salarié sur son éventuelle intention de partir.

Si les conditions de mise en retraite ne sont pas réunies, la rupture du contrat de travail s'analyse comme un licenciement sans cause réelle et sérieuse qui met à la charge de l'employeur, outre l'indemnité de licenciement, une obligation de réintégration ou une indemnité supplémentaire d'au moins 6 mois de salaire.

Si la mise en retraite est légale car le salarié qui a au moins 65 ans a donné son accord, ou parce qu'il a atteint l'âge de 70 ans, l'employeur doit lui verser une indemnité de mise en retraite. Celle-ci doit être précédée d'un préavis de 2 mois si le salarié a une ancienneté supérieure à 2 ans dans l'entreprise, d'un mois si son ancienneté est comprise entre 6 mois et 2 ans.

Pour une ancienneté inférieure, la durée du préavis sera déterminée soit par ce qui est prévu par la loi, soit par la convention collective ou par un usage.

---

1. Articles L. 1233-61 et L. 1233-62 du Code du travail.

La restructuration de l'offre

Le cycle de vie du produit s'accélère, sa durée de vie se réduit. Le consommateur cherche toujours plus de nouveauté, et un produit qui lui corresponde le plus possible. En parallèle, dans un univers du «toujours moins cher», le prix n'est plus le déterminant essentiel de l'achat. La qualité du produit, sa personnalisation, le service associé et la confiance que véhiculent la marque, la largeur et la clarté de l'offre vont jouer un grand rôle dans le choix de consommation. Dans ce cadre, rien de tel pour le consommateur que de se faire un avis «de visu», de toucher, de tester, de comprendre le produit. C'est là qu'intervient l'espace d'exposition et de conseil, le magasin.

D'où la nécessité de bien fournir le magasin en produits susceptibles de rencontrer une demande, d'où la nécessité en amont de bien structurer l'offre et de l'adapter au tournant digital.

S'assurer de la cohérence et de la puissance de l'offre

Une étude[1] a analysé les modifications des stratégies d'achat du consommateur en magasin en fonction de ses recherches préalables sur Internet. Il en ressort un parcours plus linéaire dans le point de vente: le consommateur va chercher directement le produit convoité, avec un parcours moins déambulatoire. Il montre aussi de la résistance aux différentes stratégies commerciales mises en place pour accroître ses achats, et est de plus en plus défiants vis-à-vis des vendeurs auxquels il fait de moins en moins confiance. Le consommateur est tout orienté vers sa tâche!

Le résultat du shopping conditionne encore plus l'état d'esprit du consommateur. S'il trouve en magasin ce qu'il avait identifié sur Internet aux conditions indiquées: sa confiance en soi est renforcée et il ressent de la satisfaction. Dans ce cas, le consommateur se détend, redevient réceptif aux stimulations commerciales, et peut faire des achats additionnels non prévus. S'il n'a pas trouvé en magasin ce qu'il avait identifié sur Internet: l'insatisfaction le gagne, avec une volonté de se punir et de punir l'enseigne. Dans ce cas, le consommateur n'achète rien et quitte le magasin frustré, avec moins de motivation pour y revenir, et même l'envie de raconter sa mésaventure à son entourage.

---

1. Source: Paris I colloque Étienne Thil.

BOÎTE À OUTILS

COMMENT METTRE EN AVANT L'OFFRE EN MAGASIN DIGITALISÉ?

En face de consommateurs plus exigeants et plus informés, le magasin doit:

- simplifier l'accès à l'offre: un parcours épuré et clarifié vers le produit désiré;
- exprimer le plus clairement possible les avantages de l'offre: des présentations produits sans fioriture et une exposition nette des avantages du produit pour le consommateur;
- proscrire toute rupture: les consommateurs digitaux restent focalisés sur l'objectif à atteindre... le B.A.-BA est bien que le produit désiré et vu sur Internet soit en magasin, que la promesse soit tenue.

Ainsi, une enseigne culturelle, la Fnac, qui certifie en multicanal la possibilité d'un achat sur Internet avec une collecte rapide en magasin (1 heure top chrono), pour justifier sa promesse, se doit d'adapter son offre. Elle ne peut pas mettre en avant la possibilité de click and collect d'un CD si ce disque n'est pas disponible dans les stocks de ses magasins. Ce qui induit de faire attention à la communication multicanal, ce qui induit de sélectionner rigoureusement l'offre potentielle en click and collect, ce qui induit aussi de s'assurer que tous les magasins de l'enseigne le détiennent bien en quantités suffisantes en magasins pour répondre instantanément aux besoins des clients (d'où une refonte des outils d'information logistique).

Digitaliser la construction de l'offre

Comme le dit Peter Drucker, «la première tâche d'une entreprise est de créer des clients, pas des produits». Il convient donc de construire une offre qui corresponde pleinement aux consommateurs.

BOÎTE À OUTILS

CONSTRUCTION DE L'OFFRE

Pour construire son offre, une enseigne doit traditionnellement:

- partir du besoin client: quels sont les clients? que cherchent-ils?

- définir la largeur (nombre de besoins couverts) et la profondeur (le choix proposé à l'intérieur de chaque besoin) de l'assortiment en cohérence avec le positionnement de l'enseigne ;
- structurer l'assortiment par segment de marché : rayon, famille, sous-famille, unité de besoin, article, produit. Cela permettant de positionner clairement son cœur de gamme, de choisir les produits complémentaires et d'éviter les doublons. Dans cette démarche, il faut prendre en compte les contraintes rencontrées en magasin : le linéaire disponible (dépend de la technique de vente et du mobilier), le minimum de présentation par produit pour le rendre visible, les contraintes financières et en particulier l'immobilisation de stocks, les capacités de stockage et la fréquence de livraison des fournisseurs, etc. ;
- construire les prix et vérifier leur progressivité et leur cohérence par rapport au positionnement de l'enseigne ;
- suivre les ventes par segment pour s'assurer que l'offre correspond bien aux tendances des marchés ; pour identifier les segments/familles de produits à enrichir ou à appauvrir.

Dans ce cadre, évidemment, la digitalisation a tout son rôle à jouer. La récupération des données (les données sociodémographiques – sexe, âge, revenus, adresses, catégorie socioprofessionnelle, type d'habitat, nombre d'enfants... – les données comportementales – type d'achat, montant d'achat... – et les données relationnelles – canal préféré pour type de contact, origine de contact...) peut permettre de mieux comprendre et d'anticiper les besoins du client avant que celui-ci ne pénètre en magasin, d'individualiser les besoins des clients, comme le propose l'application NM Services du distributeur Neiman Marcus aux États-Unis. Il peut aussi faciliter le suivi des grandes tendances du marché pour produire et mettre à disposition du public les produits adéquats.

Enfin, la capacité du consommateur à envisager une consommation digitale par type de produits va aussi impacter la manière dont on peut structurer l'offre.

Ainsi, on ne construira pas, et l'on ne présentera pas, l'offre d'un voyagiste de la même manière qu'une offre en hypermarché car le consommateur ne s'est pas familiarisé de la même manière à l'achat digital dans l'univers du voyage et dans celui de l'alimentaire[1].

---

1. Source : Livre blanc Mappy 2013.

Il y a, en effet, de vraies disparités en fonction des catégories de produits : pour l'alimentaire, 92 % des Français font une recherche d'information multicanale avant d'aller acheter les produits en point de vente physique, pour l'achat d'une voiture, ils sont 79 %, comme pour le jardinage/bricolage, ils sont 78 % pour les services, 75 % pour l'ameublement/la décoration, 74 % pour les articles sportifs, 72 % pour la joaillerie, les chaussures et la santé/parapharmacie, 69 % pour l'habillement, 63 % pour l'électroménager, 59 % pour l'électronique, 50 % pour la culture et les jeux, et donc 47 % pour les achats de voyage.

Pour en revenir à l'offre du voyagiste, peut-être faut-il réaménager l'espace de l'agence avec des écrans qui suggèrent les voyages « premium » en images, pour faire rêver le consommateur et déclencher l'impulsion ? Peut-être faut-il plus mettre en avant des promotions ciblées en vitrine et les relayer en magasin ? Peut-être faut-il d'ailleurs augmenter ou baisser le nombre de promotions en fonction des attentes du consommateur, et des ventes digitales ? Peut-être faut-il proposer des offres exclusives au magasin ? Peut-être faut-il transformer l'espace de vente en mettant en accès direct des tablettes pour faciliter l'achat, en faire un espace de conseil avec un vendeur qui pourrait créer des parcours « à la carte », une offre spéciale ? Peut-être faut-il aussi faire de l'agence un SAV et ne plus penser l'offre simplement comme le voyage, mais comme le voyage et le service associé... ?

Stratégiser sa politique d'offre

Si l'on s'en tient purement au besoin du consommateur, l'offre doit être pléthorique en magasin. C'est normal : Internet l'a habitué à avoir une myriade de références à portée de clics. Il attend donc légitimement un maximum de produits en point de vente.

Pour ce faire, rien n'empêche d'opérer une sélection de produits en fonction des critères traditionnels (marge brute, volume écoulé, etc.) et de garantir par des tablettes disposées en point de vente le complément de l'offre. C'est ce qu'a fait Argos au Royaume-Uni. Là où les magasins Argos mettaient – avant digitalisation du point de vente – cinq gammes de machines à laver en face du consommateur, ils n'en exposent plus que trois avec la possibilité de consulter le détail de l'offre complémentaire sur des tablettes en magasin.

Il n'en reste pas moins que la cohérence de l'offre magasin et celle sur le digital peut être pilotée plus finement.

Cette cohérence résultera des réponses données à trois questions. La première question est d'ordre stratégique. Quelle est la place du magasin physique par rapport au magasin digital : le magasin physique doit-il juste être un espace d'exposition ? Un espace de services ? Est-il le cœur de la vente ou son corollaire ?

La deuxième question est relative à la typologie des magasins, aux espaces de vente et de stockage disponibles. Elle est pratique. Quelles largeur et profondeur de l'offre peut supporter la surface de vente des magasins ? La coque des magasins permet-elle de mettre en place un maximum de linéaires et d'exposer un maximum de produits ?

Enfin, la troisième question est d'ordre managérial : où est l'équilibre des forces chez le distributeur ? Quels sont les objectifs des directeurs commerciaux, des directeurs régionaux et des directeurs de magasins ? Et ceux de la direction e-commerce ? Quels types de produits (et selon quels déterminants) préfèrent-ils chacun mettre en place ? Quelle sera la politique d'incitation des forces de vente, et pour quels types de produits ? Il vaut mieux en effet mettre moins de produits en magasin, pourvu que ceux-ci soient décaissés. Or, on sait qu'un vendeur « incentivé » facilite l'écoulement d'un produit...

Les réponses à ces trois questions conditionnent trois options différentes en termes d'offre : soit adopter une offre complémentaire, soit une offre « copier-coller », ou bien une offre exclusive.

L'offre complémentaire consiste à mettre dans le magasin des produits et sur Internet d'autres produits. L'offre magasin ne sera alors pas cannibalisée par l'offre internet, ce qui créera de l'adhésion de la part des équipes commerciales en magasin. Cette stratégie peut, par ailleurs, se révéler intéressante pour bêtatester une ligne produit avant de la mettre à disposition du réseau physique.

L'offre « copier-coller » sera identique sur Internet et dans le magasin. Elle sera favorisée pour casser le fonctionnement en silo de l'enseigne et créer un seul et même commerce. Problème : cette stratégie peut générer de la frustration de la part des équipes de vente qui seront concurrencées par l'offre internet, souvent moins chère. Cette concurrence induira moins de vente, donc moins de commissions pour le vendeur, et pourra engendrer de la grogne sociale.

L'offre exclusive en magasin enfin visera à faire venir en point de vente : elle générera du trafic, donc de la vente additionnelle. Celle-ci fonctionnera surtout sur les réseaux matures avec une marque forte, déjà identifiée par le consommateur.

Transformer son offre dans la continuité

Le consommateur se digitalise, c'est un fait. Mais toutes les cibles ne sont pas digitalisées au même rythme de la même manière.

Il convient donc de ne pas désarçonner le consommateur dans le magasin. De ne pas rompre brutalement avec ses habitudes passées. Et, surtout, de garder en tête que l'offre ne doit pas être trop segmentante, sous prétexte d'être digitalisée : les produits proposés et la manière de les proposer doivent correspondre aux attentes du plus grand nombre. Il faut faire évoluer en continu son offre, tout en gardant de la permanence.

Prenons l'exemple d'un magasin de vêtement de mode féminine. De manière traditionnelle, son offre se segmente en quatre grandes catégories.

Offre image

Elle représente entre 10 et 15 % d'une collection selon le positionnement de l'enseigne, et est constituée par des produits créatifs et innovants. Ce segment est nécessaire à l'identité de la marque ; ces produits sont les plus médiatisés (vitrines, presse, publicité).

Offre mode/cœur de marché

Elle représente entre 35 et 40 % de la collection et est constituée par des produits de la saison qui sont soumis à l'effet des tendances. La rotation doit être rapide avec une périodicité de deux à quatre mois pour la vente. À la fin de chaque saison, les stocks restants sont soldés (soldes flottantes).

Offre permanente renouvelée

Elle représente environ 40 % de la collection, coûte peu à la conception tout en apportant la plus grande part de marché. Il s'agit des produits les plus vendus d'une saison à l'autre. La marque les renouvelle en les adaptant légèrement.

Offre basique ou intemporelle (produits permanents reconduits)

Elle représente entre 10 et 15 % de la collection. C'est une sorte de «fond de rayon». Souvent constituée par des produits très identitaires (par exemple : le polo Lacoste) dans les coloris les plus basiques, elle peut également intégrer des «must-have», de type le tee-shirt blanc ou le jean classique, transversaux à toutes les marques de mode[1].

On a globalement une offre image qui fait 15 % de l'offre globale, une offre mode qui en fait 35 %, une offre permanente 40 %, et une offre basique 10 %.

Ces proportions doivent être conservées quel que soit le canal, physique ou internet, car elles correspondent à une vérité du terrain, qui colle à l'appétence du consommateur.

Pour le magasin de mode, on compte en moyenne un article taille small, et un article taille extra large pour deux articles médiums et deux articles larges.

En le digitalisant, on va garder cette proportion. La mise à disposition de tablettes en magasin va simplement permettre d'abaisser le niveau de stocks en réserve. Ce qui aura un impact positif puisque le magasin pourra piloter au mieux son réapprovisionnement en fonction du goût du consommateur (ses achats). Pourvu que la rupture soit évitée...

FOCUS

ADAPTER SON OFFRE À LA DIGITALISATION

Pour bien adapter son offre au commerce connecté, il s'agit de :
- choisir une articulation entre offre physique et offre digitale ;
- piloter et contrôler la cohérence de l'offre en multicanal ;
- transformer son offre par la data en fonction des zones de chalandise ;
- conserver ses «must have».

La refonte des systèmes d'information

Aujourd'hui encore, pour la grande majorité des distributeurs, deux univers technologiques coexistent. D'un côté, il y a le monde du magasin, avec

1. Nota bene : cette segmentation est évidemment poreuse. En effet, un produit «image» peut, sous le coup du succès, devenir un permanent renouvelé ou un basique. Ainsi, la doudoune Chevignon était une innovation dans les années 1980 avant de devenir un basique de la marque.

des systèmes d'informations maîtrisés depuis longtemps : un ERP, un système pour la gestion des stocks, un autre pour la gestion des caisses... et, de l'autre, le monde de l'e-commerce, plus agile et plus récent, avec ses systèmes dédiés (logiciels e-commerce, modules de paiement, gestion du SAV), généralement créés en silo.

Même avec l'avènement de l'e-commerce, la convergence entre ces deux mondes s'est souvent limitée à une base produit unique dans l'ERP. C'était là le meilleur des cas. Le plus souvent, les distributeurs ont créé des bases produits parallèles, sans ID (identifiants) communs, pour gérer de manière souple les références produits et leur stratégie de pricing par canaux.

Donc aujourd'hui encore, la réalité des enseignes est souvent l'absence de référentiels uniques (produits et catalogues), la multiplicité des bases de données, un hébergement mal calibré et des systèmes d'information qui ne sont pas intégrés et qui interagissent mal les uns avec les autres.

La convergence du digital et des points de vente et la mue du point de vente traditionnel en point de vente connecté vont pourtant nécessiter une convergence technologique de ces deux mondes ; convergence en ce qui concerne l'unicité de la base produit et du catalogue, mais aussi au niveau de la reconnaissance à 360° du client, de la mise en place d'outils d'analyse de la performance crosscanaux, ou encore au niveau de la connexion du magasin.

De fait, la technologie doit transformer le magasin en un point de contact comme les autres, à l'instar d'Internet, des réseaux sociaux, de la TV connectée, ou encore du mobile. D'où le besoin de passer par un système d'information unique pour gérer l'ensemble des informations comportementales qu'ils – tous ces points de contact ensemble – génèrent en temps réel, avec notamment l'intégration des applications ERP (inventaire, traitement des commandes, facturation, comptabilité...) et CRM (relation client, fidélisation), ainsi que des applications dédiées aux utilisateurs métier : marketing, gestion de campagnes, gestion de contenu, tarification, promotions...

L'objectif pour les distributeurs est de proposer un ensemble de services cohérents, synchronisés et en temps réel sur un nombre infini de points de contact (de l'e-commerce aux points de vente).

FOCUS

UNICITÉ DES BASES

Unicité de la donnée client

Rien de plus normal que de pouvoir utiliser sa carte de fidélité sur le site e-commerce d'une marque autant que dans ses magasins. Ce qui n'est pas si simple dans la réalité SI. En effet, ces dernières années, nombre de retailers ont travaillé sur ces sujets pour construire un référentiel client unique permettant de reconnaître un client sur tous les points de contact – et donc de lui proposer des services associés –, mais également de calculer la valeur d'un client crosscanal versus un client monocanal. Par exemple, la Fnac a rapproché en 2010 sa base de données clients fnac.com des magasins physiques et a repéré qu'un client multicanal était six fois plus rentable qu'un client monocanal. Le contraire de la cannibalisation.

Unicité de la base produit

Pour trouver un produit non disponible en magasin sur le site e-commerce de la marque rien qu'en scannant son code-barres, les codes d'indexation doivent être les mêmes.

Identiquement, pour optimiser l'indexation des stocks, géolocaliser des produits ou enrichir digitalement des produits en magasin, il faut construire un référentiel unique. D'où les projets de type PIM (Product Information Management).

Souvent issu d'un héritage ancien et complexe, un référentiel master intègre un ensemble de données et des structures variées : PIM (Product Information Management), MDM (Master Data Management), DAM (Digital Asset Management), référentiel produit local, ERP.

Ce référentiel master a pour vocation de globaliser les données produit, il fait donc autorité et est, à ce titre, intouchable, quoique trop souvent tourné vers la gestion industrielle et logistique, et peu adapté à la publication sur Internet (pas de structure de données marketing, pas de structuration des champs descriptifs, etc.)

Les projets PIM ont pour objectif de construire un référentiel stable et fiable avec un coût de maintenance réduit. Un PIM permet de centraliser les accès aux données et de fournir des interfaces automatisées de maintien des données, notamment les exports vers les différents points de contact digitaux et l'alimentation du catalogue produit.

La technologie doit amener de la valeur simultanément aux consommateurs et aux opérations. Elle doit produire de l'efficacité (automatisation des processus et simplification des opérations crosscanal), pour attirer et fidéliser les clients (analyse de la data pour produire des expériences clients personnalisées).

Construire et déployer une stratégie crosscanal est indéfectiblement lié à la définition d'une stratégie technologique claire et structurée, ce qui, le plus souvent, nécessite de revoir l'architecture SI existante du distributeur, en y associant les différentes compétences transversales de l'entreprise : de la direction des systèmes d'information, à celle de la relation client, du retail et de l'e-commerce.

Infrastructure technologique

Afin de maximiser le ROI d'un projet commerce connecté, il est nécessaire de définir une vision cible de l'architecture SI à mettre en place, et de faire un audit approfondi des plates-formes et des solutions techniques existantes.

L'approche de la plate-forme choisie dépendra du «gap analysis» entre la vision cible et la réalité. Si l'existant est très éloigné de la vision cible, un «replatforming» s'imposera. Mais dans la plupart des cas, il s'agit de définir le chemin pour faire converger les solutions existantes, en y ajoutant des briques fonctionnelles et techniques.

Il y a bien évidemment d'autres solutions que de créer une plate-forme SI intégrée *ad hoc*. On peut lier les plates-formes existantes par des surcouches, on peut ajouter («plugger») de nouveaux modules sur les plates-formes existantes, on peut changer de manière itérative les différentes plates-formes.

Nous pensons néanmoins que la création d'une seule et même plate-forme facilite la vue unique du client, de ses préférences et de son historique d'achat sur l'ensemble des points de contact, et permet donc de travailler une segmentation plus fine et des actions de ciblage plus pertinentes. *A contrario*, l'intégration de plusieurs systèmes empêche le plus souvent la vue crosscanal et maintient la vue du consommateur dans un seul canal.

Nous croyons par ailleurs que la création d'une plate-forme unique permet de gérer le catalogue de manière centralisée et de le déployer sur tous les points de contact en mode synchronisé. Cependant, un manque de centralisation peut avoir de lourds impacts sur le déploiement de certaines activités telles que le click and collect, l'accès aux stocks magasins, la livraison en magasin, l'accès à l'e-commerce par les vendeurs du magasin... Enfin, la plate-forme unique permet une gestion optimisée des promotions et du merchandising, plus fine, plus ciblée et plus efficace, en crosscanal.

Au final, comme le commerce connecté relève d'une expertise avancée dans différents domaines technologiques et qu'un certain nombre d'innovations qui le constitue ne peuvent être délivrées que par des start-up, l'architecture SI se doit d'être évolutive et adaptable.

La plate-forme technique comptera donc un cadre fonctionnel ouvert pour gérer des webservices spécialisés fournis par divers fournisseurs qui seront en interaction automatique. On sera sur une architecture orientée « plug-ins », qui, dès sa conception, envisagera flexibilité et sécurité, et qui pourra se transformer en fonction de l'évolution des attentes des consommateurs et des mutations technologiques.

Ce que l'on peut résumer en trois mots : évolutive, adaptable et résiliente.

Évolutive : on doit pouvoir ajouter ou supprimer simplement des partenaires ou des composants technologiques.

Adaptable : l'architecture doit pourvoir s'adapter aux volumes croissants de datas. L'essentiel étant de générer de l'information pertinente rapidement, et hautement disponible, ce qu'Amazon appelle « l'eventual consistency ».

Résiliente : l'architecture doit être parfaite et fonctionner vaille que vaille.

Pour choisir l'infrastructure technologique idoine, trois facteurs entrent en jeu. D'abord, le facteur technologique pur et la performance de la plate-forme envisagée. Quelle doit être cette plate-forme en fonction de quels usages ? Ensuite, la conformité de la technologie avec les attentes des publics visés : rien ne sert d'aller sur une architecture « up to date » pour réaliser les basiques du commerce digital. Enfin, s'assurer de l'économie de l'infrastructure envisagée et son efficience financière dans le temps : combien de temps va-t-elle durer ? À quels usages nouveaux pourra-t-elle s'adapter ?

TOUCH POINTS

CMS (gestion de contenu)		PLATE-FORME E-COMMERCE	SERVICES TIERS	INFRASTRUCTURE ET SERVICES
Gestion de contenu	Gestion des contenus multimédia	Gestion des flux financiers Multicatalogue Multifacturation	Bons plans, coupons, discounts Avis consommateurs Écrans en point de vente	
Multisite Personnalisation	Mobile Publication Social Media	Gestion de la transaction		WI-FI

COUCHE D'INTÉGRATION			PLATE-FORME DE GESTION DE CAMPAGNES	Géolocalisation en point de vente
Données produits Import	Données consommateurs Integration	Workflow Orchestration	gestion des campagnes cross-canal et automatisation	

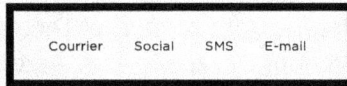

Données produits	Gamification	bons plans / coupons	Courrier	Social	SMS	E-mail	Mesure de la performance

INFRASTRUCTURE HARDWARE :
Hébergement traditionnel ou en mode cloud

Source : Digitas LBi.

La technologie en magasin

En plus du back-office et de l'infrastructure SI, la digitalisation du point de vente a de lourdes conséquences technologiques et nécessite souvent de penser l'infrastructure magasin (Wi-Fi et réseau), ainsi que le «front», les outils de vente digitaux.

L'infrastructure magasin

Aussi trivial que cela puisse paraître, il est indispensable de connecter les outils digitaux déployés. Si nous prenons la peine de le notifier, c'est bien parce qu'un grand nombre de magasins digitalisés se désengagent de la digitalisation pour des raisons souvent liées à la volonté d'adoption des nouvelles technologies par les acteurs du magasin. Or, connecter les outils digitaux, c'est un moyen pour l'enseigne de mettre à jour ses messages automatiquement en magasin, mais aussi de remonter les statistiques d'utilisation des outils, d'en mesurer la performance, et ainsi de contrôler la bonne diffusion des différentes communications.

Il est, à ce propos, possible d'adjoindre aux contenus venus du siège (billboards et informations prix) des informations locales. Comment? Des solutions de CMS «instore» synchronisés avec les CMS, l'e-commerce et l'ERP siège permettent de gérer le merchandising digital.

Les connexions en magasin peuvent passer par une ligne ADSL dédiée, éventuellement par une connexion 3G ou par un accès internet *via* le réseau d'entreprise. Il sera nécessaire de prévoir un câblage courant fort et un autre courant faible.

Ce qui, en fonction des emplacements des points de vente, n'est pas si simple que cela à mettre en place. En effet, dans certains cas, les foncières détiennent les prises et vont monnayer l'accession aux fils, et au réseau: cher, très cher. Prenons l'exemple des Aéroports de Paris. Ceux-ci ne donnent pas le droit aux enseignes de «tirer les fils» et encore moins les fils du réseau web jusqu'à leur pas-de-porte. Pour accéder à Internet dans ce cas, les enseignes doivent souscrire au réseau de bande passante Aéroports de Paris. Il en va de même dans certains grands centres commerciaux. On a bien là un frein plus financier que technologique au développement du commerce connecté. Dans ce cas, il faudra dimensionner la digitalisation des magasins en fonction des capacités réseau, non pas technologiques, mais financières.

Aujourd'hui, dans les magasins, il y a (pour tous les points de vente) une connexion internet *a minima*. Le back-office magasin – un serveur qui est dépositaire de la base articles, des prix et qui collecte les informations du point de vente – est généralement connecté à Internet *via* une box ADSL qui dialogue avec le SI du siège en mode asynchrone (à heure fixe) ou en mode synchrone (quasi en temps réel), pour échanger les données. Il peut aussi servir à gérer le stock du magasin et la base clients dans le cadre d'une gestion commerciale et logistique de proximité (boutique de mode par exemple).

Ces «mini-serveurs» ne peuvent tomber en panne car on les a branchés à un onduleur qui garantit leur alimentation permanente, même en cas de panne électrique.

Mais ce back-office n'est aujourd'hui pas calibré pour supporter les nouvelles informations des outils digitaux du commerce connecté. Il faudra donc, à terme, les changer. Ce qui est à la fois lourd en termes opérationnels, et ne peut tolérer la moindre anicroche: le droit à l'erreur n'existe pas, sous peine de mettre à mal le business du distributeur.

Voilà pourquoi on recommandera une démarche «test and learn» avant de transformer un réseau. D'autant plus que les problématiques distributeurs sont différentes. Par la nature même de leur business (un retailer luxe n'est pas un distributeur spécialisé dans la grande distribution alimentaire), mais aussi par la nature de leur commerce connecté: ainsi, une enseigne qui va fabriquer à la demande en magasin, comme The Kase, va avoir une infrastructure spécifique et différente d'un click and mortar qui créera des casiers de distribution de produits, ou d'un magasin qui se destine à de l'achalandage en temps réel en fonction des encaissements.

Les business sont différents. Les SI doivent être spécifiques.

Les outils connectés

Dans un monde où la durée de vie d'un écran ou d'une technologie se réduit comme peau de chagrin, où l'obsolescence programmée et l'innovation rendent démodée une technologie en quelques mois, il est certain que la décision de déployer des milliers d'écrans, de tablettes ou de bornes interactives sur l'ensemble de son réseau de magasins est impactante. On parle ici de plusieurs millions d'euros d'investissement. Quelles peuvent être les bonnes pratiques?

Il convient d'abord de rationaliser le parc matériel en déployant des solutions homogènes, pour éviter de démultiplier le nombre de solutions «référencées». On commandera donc le même type d'outils pour l'ensemble de son réseau.

Le choix de l'outil optimal résultera de plusieurs critères. D'abord, la possibilité de l'intégrer dans le parcours d'achat du consommateur. L'outil doit cadrer avec le besoin et l'appétence du consommateur tant en termes de fonctionnalités que d'image (d'où souvent l'utilisation de produits Apple). Il doit aussi cadrer avec l'architecture commerciale, et correspondre aux attentes des animateurs du point de vente. L'outil doit être à la fois robuste, et «cost effective».

Plutôt que de les acheter, nous pensons plus judicieux de faire de la location financière. Ce qui permettra d'investir graduellement et de pouvoir changer à moindres frais son parc d'outils connectés.

Dans tous les cas, les équipes du distributeur doivent prendre leur temps pour choisir les outils digitaux nécessaires, sélectionner des matériels éprouvés et professionnels (pas de TV grand public, pas de technologies en phase expérimentale...), bien penser aux services techniques nécessaires pour assurer le fonctionnement quotidien, et avoir en tête, au moment de leur choix, l'industrialisation potentielle impliquant une intégration SI spécifique, des contraintes donc des coûts d'exploitation et de sécurisation. Ce qui veut dire qu'il faudra anticiper de la rechange au cas où les outils tomberaient en panne. Donc acheter/louer plus de matériel que le strict nécessaire pour maximiser la fiabilité du service digitalisé.

La sécurisation de ces devices passera évidemment par leur protection *via* des antivirus. Pour encore plus fiabiliser le parc, il sera conseillé d'écraser chaque matin toutes les données enregistrées ainsi que de régénérer leur environnement.

Data management et sécurité

Les SI gèrent évidemment des volumes de données. Or, la question de la sécurité de ces données est cruciale comme le montre bien l'exemple Target.

CAS

TARGET EN PROIE AU HACKING

Target a été la victime fin 2013 de la plus grande opération de hacking touchant un distributeur national aux États-Unis.

Des hackers ont introduit des logiciels malveillants (malwares) dans les systèmes d'information du géant de la distribution US courant novembre 2013. Ces malwares se sont réveillés au mois de décembre et ont capturé les informations des consommateurs américains. Pourtant, en juin 2013, Target avait implémenté un nouvel outil de détection des logiciels malveillants, et le distributeur avait mis en place des process d'alertes avec une équipe de spécialistes indiens de la sécurité informatique.

Comment le logiciel malveillant a-t-il pu entrer dans le SI de Target ?

1. Les hackers ont volé l'identifiant d'un vendeur qui leur a permis d'entrer dans le réseau de Target et de l'explorer pour en connaître les failles. Ils ont codé leurs malwares pour que ceux-ci pénètrent ces failles.

2. Les hackers ont introduit les malwares dans le réseau informatique, qui se sont immiscés jusque dans les terminaux d'encaissement des 1 797 magasins physiques du réseau Target.

COMMENT REPENSER LE POINT DE VENTE

3. Les hackers ont aussi installé des codes spéciaux qui envoyaient les informations sur les cartes de crédit volées vers des serveurs pirates aux États-Unis qui eux-mêmes renvoyaient les informations collectées vers la Russie.

4. À partir du 2 décembre 2013, les cartes de paiement des consommateurs américains commencent à être piratées. Le système de sécurité SI de Target découvre une anomalie, mais l'équipe opérationnelle laisse passer l'alerte.

5. Le 12 décembre 2013, les autorités fédérales américaines informent Target d'une piraterie massive des données de ses consommateurs.

6. Le 15 décembre 2013, Target élimine le malware de son réseau : 40 millions de numéros de cartes de crédit ont été volés, et 70 millions d'adresses, de numéros de téléphone et d'informations personnelles ont été téléchargées par les hackers.

7. Jusqu'au 1er février 2014, Target a dépensé 61 millions de dollars pour résoudre la faille. D'abord au niveau informatique, puis au niveau des consommateurs dont la confiance en la marque a été affectée (Target a constaté une baisse de 46 % de ses ventes depuis ce hacking).

Ce qui arrive à Target n'est pas une première. D'ailleurs, selon une étude Verizon Enterprise Solutions, seulement 5 % des entreprises de retail dans le monde identifient les failles dans leur SI.

On le sait désormais, la cybercriminalité coûte cher. On peut même chiffrer ce coût : 327 milliards d'euros par an[1]. Les simples pertes liées aux données personnelles, telles que les données des cartes de crédit volées, sont estimées à 150 milliards de dollars. Rien qu'aux États-Unis, 40 millions de personnes, soit environ 15 % de la population, ont été victimes de vols de données personnelles. Ce n'est pas anodin.

Il y a, dans la logique de commerce connecté, et donc dans l'augmentation à venir des flux de données, à démultiplier les efforts de sécurisation. Comment faire ?

Rien qu'au niveau du magasin, la démarche est complexe. L'existant magasin, c'est un système d'encaissement le plus souvent sous Windows XP (version POS) qui est sécurisé par des antivirus. Mais ce système n'empêche en rien le caissier de plugger une clé USB infestée de malwares. Ce système étant relié au réseau de l'entreprise, le malware remontera automatiquement vers

---

1. Source : Bloomberg 2014.

le SI siège, pour le pirater. Sa database avec. Et plus le système sera ouvert — ce qui sera le cas avec les autres outils connectés —, plus il sera vulnérable.

À ce niveau, plusieurs parades sécuritaires peuvent exister. D'abord en sécurisant mieux le back-office magasin. Au moyen de solutions de sécurité spécialisées, certes, mais aussi en limitant le nombre de profils pouvant gérer les informations. Ou encore en créant des protocoles sécurisés avec des standards métiers et en respectant l'état de l'art.

On peut aussi, pour éviter toute éventuelle intervention extérieure, envoyer les informations sur une ligne internet spécifique (qui n'est pas gratuite), mais qui permet de mieux surveiller les éventuelles infiltrations.

Dans tous les cas, les données devront être cryptées selon les protocoles bien connus par les DSI et des audits de sécurité menés pour s'assurer du maintien de la vigilance sur le très long terme, pour être sûr que ce qui a été écrit sur le papier est bien réalisé. Qualité du chiffrement et respect des procédures donc (par exemple, la compression des données magasin chaque soir après envoi des données au siège) : la fameuse « hygiène informatique ».

Au niveau du siège, il sera recommandé, en fonction de la volumétrie des données et des délais d'historisation, ou bien de cloisonner le transfert d'informations en créant une passerelle qui étanchéifiera les flux de données entre le SI magasin et le SI siège (un répliqua de la base de données sort du SI magasin pour arriver à un niveau intermédiaire sécurisé où il sera cherché par le SI siège) ou bien de mettre en place des stratégies de sauvegarde, en plus de solides firewalls et antivirus. Mais là encore, la DSI est souveraine.

Le SI magasin fait partie intégrante du SI de l'entreprise. Les mêmes règles et les mêmes protocoles doivent s'appliquer partout dans l'enseigne. Il sera important pourtant de bien prendre en compte la spécificité du magasin, et de définir, en conséquence, une politique de sécurité spécifique à ses risques (par exemple : le risque « employés »). Le terminal back office peut être plus facilement volé que le SI de l'entreprise, l'opérateur caisse peut voler de la donnée ou être malveillant. Il convient donc de renforcer les processus d'authentification et d'assurer des cryptages de données exclusifs.

De nouvelles technologies à suivre

On l'a vu, la grande difficulté SI est de pouvoir construire une architecture technologique fiable, robuste et «future-proof», capable de fonctionner dans la durée avec l'apport de nouvelles technologies. On ne saurait que trop recommander aux directions compétentes au sein des distributeurs de suivre les mutations en cours.

Aujourd'hui, une petite dizaine de sujets nous apparaissent «hot»:

1. les technologies de paiement;
2. le couponing et l'intégration des mécaniques promotionnelles de «earn and burn» en magasin;
3. le Web2shop et la prise en compte des logiques ROPO et SOLOMO sur les plates-formes digitales;
4. la fidélité mobile, ce qui induit la migration des programmes de fidélité sur tous les médias de l'enseigne;
5. le social shopping et la considération des recommandations sociales dans le parcours d'achat;
6. l'analytics et le tracking des comportements consommateurs;
7. l'identification unique, la reconnaissance du client;
8. la mise en place de la vente augmentée avec la dotation digitale de la force de vente.

Sur ce dernier point, bien qu'anecdotiques, des innovations apparaissent déjà.

RETOUR VERS LE FUTUR

LES NOUVEAUX DISPOSITIFS MAGASIN

Pepper et l'accueil robotique en magasin

Depuis le début du mois de juin 2014, les clients de l'opérateur japonais Softbank sont accueillis dans deux boutiques de Tokyo par Pepper, un petit robot blanc capable d'interagir avec les clients.

Conçu par le Français Aldebaran Robotics, ce robot va mesurer les flux de visiteurs, observer leurs comportements et lire leurs émotions avant de les implémenter sur une plate-forme cloud.

Amazon Dash et la commande vocale

Amazon a lancé en mars 2014 une innovation nommée Dash : une télécommande Wi-Fi permettant de simplifier les courses en ligne et de faire préférer le service Amazon Fresh aux consommateurs.

Cette télécommande qui doit être connectée à son device (mobile, tablette et ordinateur), est dotée d'un lecteur de code-barres et d'un micro.

Elle permet de faire sa liste de courses directement, soit en scannant les codes-barres des produits que l'on vient de consommer, soit en énonçant les produits que l'on souhaite racheter dans le micro. Cet outil permet de réaliser une shopping list par scanning ou par reconnaissance vocale.

Pixerilis et les interactions par ultrasons

Cette technologie a été récemment présentée par la start-up française Pixerilis.

Un tag sonore (ultrason) est posé sur chacune des pages web d'un site e-commerce. À chaque fois que le consommateur visite une page web, ce tag ultrason l'indique à l'application mobile. Quand l'utilisateur entre dans le magasin de la marque, l'application lui rappelle les produits consultés et lui propose des offres de réduction très ciblées.

PayPal Beacon

Grâce au boîtier Beacon, qui se branche sur un port USB, PayPal permet à ses clients de payer en caisse sans avoir à sortir leur smartphone ou leur carte bleue, en confirmant oralement le paiement.

Le système repose sur l'installation de Beacon, un appareil utilisant le Bluetooth Low Energy pour communiquer avec l'application PayPal installée sur le téléphone du client.

Via l'appli PayPal, le client choisit les enseignes avec lesquelles il souhaite utiliser ce service.

Lorsqu'il entre dans un de ces magasins, une vibration du téléphone lui indique que le service fonctionne.

Le gérant du magasin verra apparaître sur ses interfaces les informations du client (son nom, sa photo et son compte PayPal) et lorsque viendra le moment d'encaisser, il suffira au client de confirmer verbalement qu'il souhaite payer grâce à PayPal pour que son compte soit débité de la somme correspondante.

Autre évolution technologique à surveiller de près, le 3D printing. Cette technologie permettra de designer le produit désiré à 100 % et parfait par le consommateur. Par exemple, on pourra scanner son pied à domicile et se voir offrir par sa marque préférée une chaussure qui épouse parfaitement la forme de son pied, aux couleurs et avec le design qui correspond pleinement à ses goûts.

C'est un nouveau monde de possibles qui s'ouvrent pour les marques... et le consommateur. C'est aussi un nouveau mode de production qui se fait jour, mais aussi une nouvelle manière de vendre. On peut ainsi imaginer qu'un concessionnaire automobile puisse imprimer la pièce automobile à remplacer, sans passer par un fournisseur dédié, avec tous les mécanismes de destruction/création que cela induit.

Si le marché du 3D printing représente 3,8 milliards de dollars en 2014, il devrait s'élever à 16,2 milliards de dollars à l'horizon 2018, soit + 45 % par an sur les cinq prochaines années. À cet horizon, la technologie se sera améliorée, avec elle de nouveaux usages auront émergé et de nouveaux acteurs auront rejoint le marché.

En conclusion...

Pour les retailers, l'émergence du commerce connecté n'est pas sans poser un certain nombre de défis.

Des défis organisationnels : depuis que le commerce s'est digitalisé, les activités e-commerce et commerce de détail ont évolué en parallèle dans les organisations. Aujourd'hui, le pilotage du programme crosscanal nécessite la destruction des silos, la mise en place d'activités convergentes et l'implication du top management : CMO, directeur e-commerce, directeur retail, directeur de la relation client, DSI et directeur supply chain. Ce qui n'est souvent pas une mince affaire...

Des défis technologiques : selon une étude Forrester[1], 40 % des distributeurs interrogés déclarent avoir eu ou devoir faire actuellement face à des difficultés d'intégrer le back-office technologique sur l'ensemble des points de contact. Par exemple, aux États-Unis, seulement 32 % des distributeurs proposent le stock en ligne, alors que ce besoin est reconnu par 71 % des consommateurs. Ce besoin « simple » cache une complexité technologique qui nécessite une intégration back-office synchronisée entre ERP, points de vente et systèmes e-commerce, évidemment complexe et coûteuse à mettre en place.

---

1. Source : Thought leadership paper 2014.

Des défis d'exécution : la formation et le change management (notamment auprès des opérationnels en magasin) sont nécessaires à la réussite du projet crosscanal.

Pouvoir passer d'un canal à l'autre, être reconnu, acheter en ligne et réaliser le retour en magasin, l'expérience crosscanal sans couture est perçue comme étant unique par le consommateur. Cette simplicité sous-tend pourtant une vraie performance technologique, et un pilotage fin. Ne nous trompons pas, selon une étude Forrester[1], pour 94 % des distributeurs interrogés, la transformation de l'entreprise s'apparente à un chemin de croix. Et pour cause, les embûches sont légion : manque de stratégie technologique, faible implication de la DSI, travaux en silos... Mais engager le changement est un mal que nous croyons nécessaire.

CAS

DIGITALISATION DU MAGASIN PILOTE LEROY MERLIN À GONESSE[2]

Leroy Merlin est l'enseigne leader dans le secteur du bricolage en France. Le magasin de Gonesse (12 000 m² et 121 salariés), dans le Val-d'Oise, a été choisi comme pilote.

Virtualisation du poste de travail

Le poste type d'un point-conseil d'un magasin Leroy Merlin est un client léger équipé d'un lecteur de carte sans contact. Le conseiller de vente active sa session *via* sa carte d'accès et va garder cette session active où qu'il se rende dans le magasin. Le vendeur peut ainsi suivre son client dans le rayon sans perdre la commande initiée sur le poste. Cette virtualisation du poste de travail a été réalisée *via* la solution Citrix XenApp, déployée au niveau du datacenter Leroy Merlin, situé dans le nord de la France.

La solution de virtualisation du poste de travail choisie par le DSI de Leroy Merlin étant disponible sur smartphone et tablette, le directeur du magasin de Gonesse a saisi cette opportunité pour déployer des tablettes tactiles auprès de tous ses conseillers de vente.

Par ailleurs, ces derniers ont déjà adopté le bureau mobile sur leurs smartphones. Ils utilisent l'application ScanRef sur leur téléphone pour scanner les codes-barres et vérifier les niveaux de stock ou les prix.

---

1. *Idem.*
2. Source : Leroy Merlin, JDN.

Connectivité

Pour faire face au phénomène du show-rooming, le magasin de Gonesse est entièrement couvert en Wi-Fi. Une vingtaine d'antennes sont nécessaires pour garantir une bonne connectivité du magasin.

Conséquence de la virtualisation, la salle informatique du magasin ne contient plus que deux serveurs pour les équipements réseaux et télécoms, ainsi que l'application qui centralise les données de caisse, la database et l'application de configuration des cuisines 3D.

Dispositifs innovants

Leroy Merlin Gonesse a commencé à mettre en place des étiquettes intelligentes Pricer dans son rayon outillage et peinture. Outre des prix mis à jour chaque heure, l'étiquette électronique améliore la gestion des stocks puisqu'elle indique le nombre d'articles disponibles. Elle ouvre aussi la voie à la géolocalisation des articles en rayons. Une information actuellement saisie manuellement, mais pourtant très utile pour calculer un itinéraire de picking.

À l'entrée du magasin de Gonesse, un panneau permet au client d'être guidé vers les rayons de son choix grâce à un QR code. La DSI de Leroy Merlin travaille activement sur des systèmes plus élaborés. D'autres expérimentations sont en cours dans le réseau : Bluetooth Low Energy, iBeacon...

L'adaptation de la chaîne logistique

Les besoins et les possibilités offertes sur le digital sont différents selon les enseignes, et bien évidemment distincts des logiques des pure players. Rien d'étonnant alors à ce qu'il y ait une grande diversité d'organisations logistiques possibles sur le marché. Finalement, la vérité logistique est seule donnée par le taux de service et la maîtrise des stocks dans un contexte d'une demande fluctuant avec de fortes amplitudes.

Dans ce cadre, un ensemble de bonnes pratiques peuvent être identifiées sur la totalité de la chaîne logistique, dans une logique de fiabilité du service, doublée d'une maîtrise des coûts.

Un meilleur suivi des flux

Le commerce connecté suppose une intensification des flux logistiques vers le client final, donc un maillage logistique plus complexe. Le consommateur veut pouvoir commander et modifier sa commande à tout moment. Pour répondre à ce besoin, l'enseigne doit, de son côté, organiser et piloter son infrastructure logistique de façon agile.

L'objectif pour l'enseigne est d'avoir une connaissance fine du stock disponible en temps réel, d'en connaître la localisation à tout moment, pour gérer sa chaîne logistique en flux tendu – avec toutes les économies que cela suppose. Ainsi, les acteurs aval de la chaîne, notamment les acteurs du magasin, auront une vision claire des disponibilités et pourront gérer au mieux leurs réapprovisionnements ou présenter un conseil fiable au client final.

Aujourd'hui, le réapprovisionnement passe avant tout par les remontées caisse selon le mécanisme déjà décrit : l'encaissement génère des informations qui, chaque soir, remontent au siège pour demande de réassort, analyse (*via* un ERP) et validation. Une fois la proposition validée, la commande arrive dans l'entrepôt pour être préparée, conditionnée et expédiée.

Dans ce processus, l'enseigne voit ce qui sort du magasin, mais n'a pas de vision sur son niveau de stock en acheminement. Des commandes peuvent donc être redondantes, faisant perdre de l'argent à tous les niveaux : transport, entreposage, vente...

Pour éviter cela, de nouveaux logiciels monitorent en temps réel les flux sur les trois niveaux de stocks :

- stock cœur : les produits « stars » à forte rotation en magasin ;
- stock délai court : les produits qui tournent en magasin, livrés de J+3 à J+7 qui sont généralement entreposés en entrepôt central ou régional ;
- stock délai long : les produits que l'on va faire venir en magasin à la commande (entre une et quatre semaines pour la livraison) et qui sont généralement gardés par le fournisseur.

En connectant chaque couche de la supply chain à ce système d'information, le suivi du stock total (statique et en mouvement) est contrôlé, le réapprovisionnement maîtrisé.

Par ailleurs, des solutions logicielles de gestion des entrepôts (WMS) permettent d'optimiser les flux en entrepôt avec : une meilleure maîtrise de la préparation de commandes, une connaissance à tout instant de l'état d'avancement et de la qualité du conditionnement, une adaptation plus fine des ressources à la charge et la possibilité d'affecter automatiquement les commandes aux transporteurs.

Mistergooddeal a par exemple investi sur un système de radiofréquence automatique pour les préparations de commande, là où cela nécessitait précédemment de la saisie sur clavier. Par la suite, ils ont changé leur ERP pour améliorer le calcul des approvisionnements, et leur WMS pour accroître la capacité de gestion des flux.

En complément de la transformation IT, l'enseigne gagne à investir sur de nouvelles machines pour mécaniser la production de colis et ainsi faire face aux pics de demande ou abaisser le niveau des retours. Ce sont par exemple des convoyeurs, des trieurs automatiques ou des barquetteuses qui facilitent la création et le mouvement des cartons en entrepôt, comme chez Rueducommerce.

Si l'informatique agit pour garantir un taux de service à haut niveau, pour donner des informations plus précises dans des délais toujours plus serrés, la gestion de l'entrepôt est aussi cruciale.

L'évolution de la logistique et du transport

À un moment où la vitesse et la productivité de la chaîne d'approvisionnement d'une organisation jouent un rôle important dans sa croissance, le crossdocking s'impose.

Le crossdocking est une plate-forme intermédiaire qui permet à l'enseigne de s'approvisionner en masse, de stocker à très court terme les produits (sur cette plate-forme) avant de les éclater en fonction des demandes des différents points de vente.

Là où, avant, des fournisseurs devaient chacun livrer des points de vente, avec le crossdocking, chacun des fournisseurs livre un entrepôt commun qui synchronise les flux de produits entrants et l'écoulement des produits sortants vers les points de livraison désignés.

Ainsi, le crossdocking simplifie la chaîne d'approvisionnement, avec un produit qui se déplace plus rapidement et plus efficacement, des coûts de manutention, de l'espace de stockage et d'entreposage qui se réduisent, et une diminution des pertes dues à la manipulation excessive des produits.

▶ **POUR EN SAVOIR PLUS SUR LE CROSSDOCKING** – www.ortec.nl/-/media/images/crossdocking1. gif?w=550&h=331&as=1

Le crossdocking couplé à la gestion mutualisée des approvisionnements peut être une solution gagnante.

La gestion mutualisée des approvisionnements (GMA) correspond à la mutualisation des livraisons, au regroupement des volumes de plusieurs enseignes dans les mêmes camions pour créer un cercle vertueux: des livraisons plus fréquentes, améliorant de façon mécanique la qualité de service tout en réduisant les niveaux de stocks; ainsi que des livraisons en camions complets sans rupture de charge, avec des horaires fixes de livraisons. Tout cela à coûts maîtrisés.

CAS

LA MUTUALISATION DES APPROVISIONNEMENTS PAR SEPT INDUSTRIELS

FM Logistics réalise de la GMA pour sept industriels sur un même entrepôt. Résultat:

- des livraisons quotidiennes (2 à 5 fois supérieure par rapport à une situation isolée);
- des camions complets (33 palettes contre 8 à 20 palettes sans GMA);
- un taux de qualité transport moyen amélioré de 7%, grâce à la régularité des livraisons et à l'absence de rupture de charge;
- une réduction de 15 à 20% de la couverture de stocks des entrepôts distributeurs et ainsi une réduction des coûts de stockage et des coûts d'immobilisation financière pour les distributeurs partenaires;
- une amélioration du taux de service global de 0,2 à 1,5 point;
- un impact très significatif sur les émissions de CO_2, une économie représentant jusqu'à 35% d'émission de gaz à effet de serre[1].

---

1. Source: FM Logistics.

Pour résumer : la GMA permet plus de flux, sur des quantités plus faibles, et donc moins de stocks magasins, ce qui génère immanquablement des économies.

C'est cette chaîne logistique qu'a choisie Tesco au Royaume-Uni. L'enseigne alimentaire détient trois semaines de stocks dans son entrepôt central, dispose de quatre jours de stock en crossdocking et ne compte plus que du stock résiduel en magasin. En revanche, pour que la demande soit satisfaite en point de vente, les magasins Tesco font deux commandes de réapprovisionnement par jour (contre une en moyenne chez Carrefour en France).

De nouveaux enjeux logistiques

Le consommateur veut du picking, de la livraison à domicile, de la traçabilité autour de ses produits et pouvoir les renvoyer si ceux-ci ne lui vont pas. Autant de défis logistiques.

Le défi du picking

On se rappelle que l'instore picking consiste à commander sur le Net et à venir retirer son produit en magasin.

La chaîne logistique du picking en magasin est fonction du besoin en réactivité de l'enseigne, du nombre de magasins à couvrir et des volumes de commandes à servir.

Dans ce cadre, la nature du produit et sa vitesse de rotation sont des déterminants clés.

Pour tous les produits à forte rotation, le stockage se fera en magasin ou par du stock déporté, autrement dit dans les magasins de l'enseigne alentour. Le tout interagissant en réseau par un système d'information intégré qui permet de gérer une offre élargie et éclatée.

Les produits à moyenne rotation seront entreposés dans des centres de stockage départementaux, régionaux ou nationaux en fonction de la taille de l'enseigne et de l'importance de la zone de chalandise.

Enfin, les produits à faible rotation pourront être conservés chez les fournisseurs ou au sein d'une plate-forme nationale.

Venteprivée.com a par exemple organisé sa logistique en deux pôles. Le premier, lyonnais, comprenant trois entrepôts, gère les commandes en flux tendus de prêt-à-porter et de produits cosmétiques, ce qui représente un total de 80 % des volumes adressés ; quand le pôle parisien, constitué de cinq entrepôts, utilise des process plus manuels pour des commandes de vaisselle, de petit électroménager et d'épicerie fine.

On peut aussi envisager un entreposage par types d'offres. Ainsi, dans un même entrepôt, l'offre permanente, à flux constants, pourra être séparée de l'offre promotionnelle, à flux accélérés, à l'instar de ce qu'a fait Intermarché avec son entrepôt en H. La vitesse de rotation de la première offre est différente de l'autre, spécifiant *de facto* les flux logistiques.

Dans tous les cas, il importe de s'organiser pour éviter la rupture et de livrer la bonne quantité au bon moment, ce qui, en période de pics de saisonnalité, n'est vraiment pas évident.

Le picking change par ailleurs la logistique du magasin. Il faut nécessairement envisager une zone de transit des produits, de stockage temporaire, de préparation des commandes, avec le personnel dédié pour réceptionner, étiqueter les produits, gérer l'interface avec les clients. Et édicter des règles de gestion strictes pour limiter le temps de présence du produit dans le stock magasin, sous peine de surcharger l'espace disponible et de générer des surcoûts.

Le défi de la livraison à domicile

La livraison à domicile engage un certain nombre de services associés : choix du lieu, du type, et des horaires de livraison, message personnalisé, type de facture, personnalisation du colis (papier cadeau, carton renforcé...), etc.

Le système d'information automatise, entre autres, les échanges entre les différents intervenants de la chaîne de livraison. Grâce à lui, la meilleure option de livraison est choisie en temps réel pour répondre au mieux à la promesse faite au client.

Néanmoins, la livraison à domicile n'est pas forcément une bonne chose pour l'enseigne.

D'abord, elle détourne le consommateur du point de vente, impactant au passage la possibilité de faire de la vente additionnelle.

Par ailleurs, les coûts de livraison ont tendance à augmenter, d'abord du fait de l'absence non signalée du client au moment de la livraison (30 % des livraisons sont des échecs), générant un retour du produit en entrepôt pour une seconde livraison, donc des dépenses supplémentaires (stockage, transport, etc.). Ensuite, parce que le coût du dernier kilomètre a tendance à augmenter : il représente aujourd'hui en moyenne 65 % de l'ensemble des coûts logistiques[1].

Pour régler ces problèmes de surcoûts, un certain nombre de solutions sont testées. Ainsi, Walmart encourage ses clients à livrer d'autres consommateurs contre des réductions en caisse.

Amazon a fait le choix de créer de nouveaux entrepôts pour être plus proches de ces consommateurs, sans parler des investissements sur les drones livreurs de colis, Prime Air.

D'autres acteurs, notamment américains (Instacart, Postmates, eBay Now...), veulent amener le client à payer plus cher la livraison à domicile.

Bien sûr, la gratuité est encore ancrée dans les esprits, mais le client est prêt à dépenser pour un niveau de service premium. C'est l'exemple du Google Shopping Express où le client est livré en Toyota Prius le jour même de sa commande (entre trois et cinq heures après) en contrepartie d'un tarif de 4,99 dollars par livraison.

Ou encore Amazon Sunday Delivery pour une livraison les dimanches aux États-Unis en partenariat avec l'US Postal, et Deliveree en France pour une livraison urbaine ultrarapide (à partir de 5,50 euros HT).

La raison voudrait que l'on limite la livraison à domicile, pour limiter l'inflation des coûts.

Ainsi, 450 millions de colis ont été livrés en 2012 dans le monde, et les prévisions envisagent 700 millions de colis livrés d'ici à 2015[2]. Il faudrait donc que l'enseigne privilégie le picking en fonction de la valeur du produit, du degré d'urgence de sa consommation, du niveau de stock en magasin et enfin du dimensionnement des commandes (en effet, si dans une même rue, il y a cinq commandes, le routage peut être massifié). Et qu'elle « rééduque » petit à petit le consommateur vers la fin de la gratuité. Vous avez dit utopie ?

Enfin, il est envisageable que, dans les prochaines années, les acteurs de la distribution se regroupent pour mutualiser leurs flux, amortir leurs investissements, et qu'ils fassent en quelque sorte de la logistique groupée (comme il y a des achats groupés) pour réaliser des économies d'échelle. Même entrepôt en amont, livraisons dans une même zone avec le souci

---

1. Source : Geodis.
2. Source : Xerfi Precepta.

de limiter les arrêts. Cette mutualisation nécessitant tout de même une intégration des systèmes d'information de tous les acteurs, avec la question du partage de l'information et des données entre concurrents qui reste en suspens.

C'est pourtant ce que fait eBay Now aux États-Unis. Le consommateur commande sur l'application eBay Now des produits de 30 enseignes parmi lesquels Target, Urban Outfitters, Toys'R'Us... Des livreurs vont dans les magasins autour du consommateur pour rassembler les différentes commandes et les livrent en moins de deux heures, contre des tarifs produits spécifiques et un forfait de 5 dollars par livraison.

Le défi de la traçabilité et des retours

La traçabilité des commandes et la gestion des retours sont des centres de coûts importants. À titre d'exemple, les taux des retours moyens sont de 10 % sur l'e-commerce (dont 25 % sur le textile et 50 % sur les chaussures).

D'un côté, les consommateurs souhaitent suivre la livraison de leur commande de bout en bout, recevoir l'information en temps réel par push notification ou sur une application dédiée, et intervenir tout au long de la chaîne logistique (prise de rendez-vous, remplacement du produit, etc.). De l'autre, l'enseigne doit mettre en place une organisation et des processus pour suivre en temps réel les produits et anticiper d'éventuelles défections.

Ici, le remplacement des codes-barres par des puces à radiofréquence (RFID) peut favoriser une meilleure traçabilité et optimiser les flux des marchandises. Les bénéfices se mesurent en termes de réactivité, de visibilité des flux physiques en temps réel et de partage optimisé des informations entre fournisseurs, distributeurs et logisticiens : grâce à la RFID, les différents acteurs ont une connaissance améliorée de l'état de leurs stocks, ce qui permet, par exemple, de localiser un produit défectueux ou encore de repérer un produit volé, et ce sans aucune intervention humaine.

CAS

DECATHLON SYSTÉMATISE L'ÉTIQUETTE RFID POUR SES PRODUITS

Au printemps 2014, 85 % des produits vendus dans le groupe disposeront de leur étiquette RFID, avec un identifiant unique (coût de fabrication : 5 cents par étiquette) ; 100 % des produits seront dotés de l'étiquette RFID d'ici à 2017. Tous les fournisseurs de l'enseigne devront créer le produit à la source, avec ces étiquettes, d'ici à 2019.

Cette technologie va considérablement doper la productivité dans la logistique, mais aussi accélérer et fiabiliser les inventaires en magasins.

Grâce à la RFID, les flux de marchandises vont être contrôlés aussi bien en entrée d'entrepôts, en provenance des usines, qu'en sortie, en direction des magasins. La RFID va aussi être intégrée dans les trieuses mécaniques pour y permettre l'injection en masse des produits.

En magasin, elles aideront également au passage en caisse et à la sécurité en faisant office d'antivol.

Avec ce déploiement, Decathlon prépare sa révolution. La marque de sport a déjà créé une base de données qui enregistre toutes les étapes du cycle de vie du produit : où et quand il est fabriqué, entreposé, prélevé, acheté, retourné... Les clients interagiront avec ce système, et l'enseigne saura leur délivrer des informations de traçabilité, mais aussi des conseils d'utilisation, des informations de recyclage, etc.

Autre utilisation de la RFID, UPS a mis en place un système pour optimiser les courses des véhicules de livraison.

CAS

LE TRACKING PAR UPS

UPS trace en temps réel les quelque 16 millions de colis livrés chaque jour dans le monde pour s'assurer qu'ils arrivent à bon port. Mais ce n'est qu'en 2013 que « Big Brown » a décidé de suivre les déplacements à la loupe pour gagner en efficacité, grâce à l'optimisation des courses de ses véhicules. Nom du projet : « Orion ». Initié dès 2008, mais déployé à plus grande échelle en 2013, il devrait concerner 55 000 parcours aux États-Unis d'ici à 2017. 80 000 des camions marron sont déjà porteurs de capteurs qui récupèrent des données sur les itinéraires des livreurs : leur vitesse, le nombre d'arrêts et de freinages, la consommation de carburant, etc. Les informations collectées sont recoupées avec celles fournies par des cartes et des données GPS, pour retravailler l'ensemble des itinéraires. Objectif : gagner en rapidité dans les livraisons et dépenser moins de carburant. En 2013, le dispositif aurait déjà permis d'économiser 5,6 millions de litres d'essence[1].

Reste le traitement des retours à moindre coût.

Celui-ci passe d'abord par un système d'information qui doit être en mesure d'absorber les différents circuits de réception selon leur typologie, ainsi que l'augmentation des volumétries de marchandises.

Celui-ci peut aussi être soutenu par la création d'un circuit logistique type pour les retours. Spartoo a par exemple choisi un circuit qui passe par un entrepôt dédié aux retours.

On peut tout aussi bien envisager un circuit uniquement par le point de vente physique. Ce parcours présente quelques avantages. D'abord, il ramène le client en magasin, il y a donc là une opportunité de stimulation du consommateur. Ensuite, si le produit n'est pas défectueux, il y a une possibilité de le remettre immédiatement dans le stock, et puis, pour le consommateur, une possibilité d'être satisfait immédiatement (par exemple en échangeant son produit). Enfin, il est – sauf à considérer la formation des vendeurs au SAV – moins coûteux.

Vers l'omnilogistique

Le circuit de distribution ne se révolutionne pas forcément avec le commerce connecté. Les intermédiaires restent. Seulement, la digitalisation rapproche le producteur du distributeur, et ce dans une logique collaborative.

Successivement, la logistique «make to stock» où l'on produit, on stocke, puis on vend – à la Ford – a été dépassée par une logistique «make to order» où l'on fabrique quand il y a de la demande – à la Toyota –, puis par du «assemble to order» où l'on fabrique un produit semi-fini qui va être customisé en fonction des envies du client – à la Citroën DS3.

Aujourd'hui, la logistique est entrée dans une nouvelle ère, la demand chain. Il s'agit de prendre en compte la demande réelle en investissant sur

1. Source : *Les Échos.*

un outil de prévision et en organisant sa chaîne logistique pour la rendre hyper agile (et cost effective) afin qu'elle réagisse le plus finement possible à la demande du marché, et qu'elle génère le niveau de stock nécessaire localisé au bon endroit pour faciliter la rencontre offre-demande.

Cette nouvelle ère, omnilogistique donc, intègre fournisseurs et clients finaux dans la chaîne logistique, et a pour objectif de fournir un service homogène quel que soit le mode d'achat.

Elle demande beaucoup de souplesse dans l'automatisation des processus afin de rester flexible dans la rapidité d'exécution des opérations et d'absorber des pics de volumes.

Elle requiert par ailleurs en amont de puissants outils SI dans les entrepôts, et la connectivité de ces SI entre les différents acteurs de la chaîne de valeur. Ainsi, le fournisseur peut avoir une vue sur le niveau de stock de son donneur d'ordre et anticiper un réapprovisionnement. Elle implique en aval un effort partagé pour garantir un service client final homogène.

Ainsi, Home Depot implémente l'application Predictix pour analyser, planifier et anticiper les variations saisonnières autour de ses familles de produits pour ses 2 262 points de vente américains. Le SI permet de s'adapter aux évolutions de la demande au niveau local et automatiquement de piloter les réassorts.

Dans la nouvelle relation client-fournisseur, le fournisseur ne se contente plus d'exécuter les ordres passés par les clients. En adoptant une démarche collaborative, le fournisseur devient coresponsable de l'approvisionnement de ses entrepôts sur la base des données qui lui sont transmises. À partir des informations concernant les stocks et/ou les ventes transmises par le distributeur, l'industriel peut lui-même calculer ses prévisions de besoins, adapter sa production et ses ressources logistiques.

Ainsi, les fournisseurs livrent leur marchandise seulement quand les linéaires sont sur le point d'être en rupture, et non plus à date fixe. On passe donc d'une logique de flux poussés à une logique de flux tirés. Les réapprovisionnements du producteur vers le distributeur ne se font plus selon un planning fixe, mais en fonction des informations provenant des points de vente fournies par les distributeurs.

Règles de droit et commerce connecté

Un certain nombre de principes ont été édictés au fil du temps et régissent désormais le commerce digital : directive européenne n° 97/7 du 20 mai 1997, directive 97/66 du 15 décembre 1997, directive européenne 2000/31/CE du 8 juin 2000, loi pour la confiance dans l'économie numérique du 21 juin 2004, directive 2005/29/CE du 11 mai 2005, lois «Chatel 1» de 2006 et «Chatel 2» de 2008, loi pour la modernisation de l'économie d'août 2008... Les grands principes du commerce en ligne vont en grande partie s'appliquer au commerce digital en magasin[1].

Collecte et usage des données

Les sites commerciaux de vente en ligne de biens ou de services, qui collectent des informations nominatives (nom, e-mail) et constituent des fichiers clients, doivent effectuer une déclaration simplifiée auprès de la Cnil.

Les traitements de données mis en œuvre à partir d'un site web, qui ne bénéficient ni d'une dispense ni d'une procédure allégée, doivent également faire l'objet d'une déclaration.

Le commerçant en ligne doit respecter certaines obligations envers ses clients : recueillir leur accord, les informer de leur droit d'accès, de modification et de suppression des informations collectées, veiller à la sécurité des systèmes d'information, assurer la confidentialité des données et indiquer leur durée de conservation.

Concernant l'usage des données, et notamment pour le recontact par e-mail, l'e-commerçant n'est pas autorisé à envoyer un e-mail commercial sans l'accord du destinataire, qui est donné au moment de la collecte des données, sauf si la personne est déjà cliente et que la prospection concerne des produits identiques à ceux déjà fournis par l'entreprise, et si la prospection n'est pas de nature commerciale (caritative, par exemple).

Dans ces deux cas, la personne doit, au moment de la collecte des données, être informée de son utilisation pour prospection et pouvoir s'y opposer.

---

1. Source : Service public.

FOCUS

BASE DE DONNÉES

Concrètement, que doit faire le distributeur pour s'assurer de la conformité du recueil de données en magasin ?

Concernant les systèmes informatiques permettant d'établir des statistiques de fréquentation sur la base d'une analyse des comportements, une information claire doit être affichée dans les lieux où sont mis en place ces dispositifs afin de garantir une réelle transparence vis-à-vis du public. Cette information doit notamment préciser la finalité du dispositif et l'identité de son responsable.

Le distributeur devra déterminer si le système de traitement et de collectes des données qu'il entend mettre en place présente ou non des risques particuliers d'atteinte aux droits et aux libertés. Si tel est le cas, son système devra, avant sa mise en œuvre, être soumis à l'autorisation de la Cnil.

Le non-accomplissement des formalités auprès de la Cnil est sanctionné de 5 ans d'emprisonnement et 300 000 euros d'amende (article 226-16 du Code pénal).

La demande d'autorisation fait d'ordinaire l'objet d'un examen approfondi de la Cnil, qui a deux mois pour se prononcer. Une fois la délibération prise, la Cnil doit la notifier dans les huit jours au responsable du traitement des données.

Dans le cas contraire, le fichier devra faire l'objet d'une déclaration normale.

Gestion de l'offre

Selon le Code de la consommation, l'offre doit comporter, outre les éléments d'identification du produit, les frais de livraison, les modalités de paiement, de livraison ou d'exécution, l'existence d'un droit de rétractation, sa durée de validité...

Par ailleurs, comme dans tout contrat de consommation, l'offre doit comporter les éléments essentiels du contrat proposé par l'e-commerçant, ce qui inclut notamment le prix. S'agissant du prix, il faut relever que l'obligation d'une information claire et non ambiguë s'impose.

PRICING

Concrètement, peut-on faire varier les prix en temps réel dans le magasin ?

En point de vente, le distributeur doit veiller à ce que le prix n'évolue pas à la hausse entre le moment où le consommateur prend le produit et celui où il passe en caisse.

Si le prix du produit n'évolue qu'à la baisse, il ne pourra, de fait, rien lui être reproché. Dans le cas contraire, il existe un risque que le client se plaigne d'une augmentation du prix injustifiée et qu'il réclame l'application du prix qui était alors affiché.

En fait, tout est une question de communication. Si l'enseigne ne communique rien sur le prix de son produit, il peut, à sa guise, faire varier le prix.

Si, en revanche, l'enseigne a communiqué sur le prix du produit, sa variation, même minime, sera considérée comme une pratique commerciale trompeuse et pourra être portée en justice (après constat préalable par un huissier).

Concrètement, y a-t-il des conséquences si un consommateur constate que le prix d'un produit en magasin est supérieur (ou inférieur) à celui affiché sur le site de l'enseigne ?

La différence de prix entre le prix du site internet et ceux du magasin physique ne posera aucun souci à la condition expresse que le distributeur fasse apparaître sur son site et plus particulièrement dans ses conditions générales d'utilisation et de vente que les prix du site en ligne ne sont valables qu'en ligne et n'engagent pas les magasins physiques du distributeur.

L'idée étant là de ne pas délivrer d'information trompeuse. Donc d'être très scrupuleux sur le périmètre prix communiqué sur chaque canal de vente.

Concrètement, y a-t-il des possibilités pour une enseigne A de faire une publicité comparative sur les prix d'une autre enseigne B, accessible en mobilité via *une application (donc potentiellement depuis l'enseigne B) ?*

L'article L. 121-8 du Code de la consommation définit les critères de validité de la publicité comparative. Elle ne peut être valable que lorsqu'elle remplit plusieurs critères de fond. Elle ne doit tout d'abord porter que sur des éléments objectifs, ce qui exclut toute comparaison sur des critères faisant appel à la subjectivité comme l'esthétique, le goût ou le plaisir. En outre, l'annonceur doit être capable de rapporter dans un bref délai la preuve de la véracité des éléments de comparaison qu'il avance. Ensuite, elle ne pourra porter que sur des éléments réellement comparables de telle sorte qu'une offre ne pourra être comparée à une autre qu'en faisant référence à l'ensemble de ses composantes appréciées globalement, et non à certains points particuliers.

Ce qui veut dire que plus l'enseigne peut prouver la véracité et l'objectivité des prix affichés, moins son application de comparaison des prix est contestable.

Il est à noter que la jurisprudence a déjà condamné des distributeurs pour des annonces comparatives jugées licencieuses. Le juge a en effet considéré illicite la comparaison relative de milliers d'articles du distributeur L. (par rapport à ceux du distributeur C.), dont le calcul complexe ne pouvait garantir au consommateur un accès facile et simple à l'information sur les termes de la comparaison.

À un moment où les prix peuvent fluctuer de jour en jour, par enseigne, par région, la mise en place de comparateurs de prix consultables n'importe où n'importe quand, peut se révéler périlleuse, sauf à être bien informé sur les variations prix de la concurrence et de les répercuter immédiatement.

Cela dit, l'impact commercial du comparateur est souvent plus fort que les sanctions reçues. En effet, l'enseigne victime de la comparaison a la charge de démontrer le préjudice commercial subi, ce qui n'est pas toujours facile.

Enfin, selon l'article 1369-4 du Code civil, l'e-commerçant doit être attentif à supprimer au fur et à mesure les offres qu'il ne souhaite plus proposer car il reste engagé par les termes de son offre tant qu'elle demeure accessible par voie électronique de son fait.

Obligations de contrat de vente et gestion du paiement

L'e-commerçant est tenu de présenter la commande en trois étapes obligatoires :

- visualisation du détail de la commande et de son prix total ;
- correction d'éventuelles erreurs ;
- confirmation de la commande.

Par ailleurs, sur l'interface digitale, l'e-commerçant doit donner les moyens techniques à l'utilisateur d'identifier les éventuelles erreurs et de les corriger avant la conclusion du contrat de vente ; il doit aussi proposer des modalités d'archivage de la commande (pendant dix ans à partir de 120 euros) et donner accès aux règles professionnelles et commerciales auxquelles il est soumis en tant que vendeur.

L'e-commerçant est entièrement responsable de la bonne exécution du contrat conclu à distance (y compris la livraison), sauf si l'inexécution ou la mauvaise exécution est imputable à l'acheteur, à un tiers, ou à un cas de force majeure.

Il est tenu d'adresser immédiatement après la vente un e-mail d'accusé de réception de la vente et doit délivrer une facture à son client lors de la livraison.

En ce qui concerne le paiement de la commande, celui-ci peut être effectué lors de la commande ou à la livraison contre remboursement (dans ce cas des frais supplémentaires peuvent être appliqués). Le vendeur peut proposer différents types de paiement : carte bleue, porte-monnaie électronique...

En cas de contestation ou d'utilisation frauduleuse, l'e-commerçant assume les coûts de la vente et le client n'est pas responsable si le paiement a été fait à distance sans utilisation physique de la carte bleue. Le titulaire de la carte doit avoir déposé une réclamation dans les 70 jours à partir de la date de l'opération contestée (délai porté à 120 jours maximum par le contrat). Les sommes sont créditées sur le compte du détenteur de la carte bleue ou restituées, sans frais, un mois au plus tard à partir de la réception de la contestation.

Gestion de la livraison

Le fournisseur de biens ou services à distance doit indiquer, avant la conclusion du contrat, la date limite à laquelle il s'engage à livrer le bien ou à exécuter la prestation de service.

Si cette mention n'est pas indiquée au contrat, le bien doit être livré ou la prestation de service exécutée dès la conclusion du contrat.

En cas de retard de livraison ou de la prestation de service, le fournisseur doit en informer le client, qui peut demander à être remboursé dans les 30 jours du paiement des sommes versées. Le remboursement se fait alors en totalité, y compris des frais de réexpédition, si le colis arrive après la rétractation. Le client n'est pas obligé d'accepter une certaine modalité de remboursement, un avoir sur un prochain achat par exemple.

Droit de rétractation du client et retours

L'acheteur en ligne a un droit de rétractation de 14 jours à partir du lendemain où il entre en possession du bien ou accepte l'offre pour une prestation de service, sans justification, ni paiement de pénalités de sa part. Il peut cependant être redevable des frais de retour.

Ce droit de rétractation s'applique aussi aux produits soldés, d'occasion ou en déstockage.

Quand le client va conclure le contrat, il doit impérativement être informé sur les conditions et les modalités d'exercice de ce droit : durée du délai de rétractation, point de départ, remboursement du produit, paiement des frais de retour, etc.

Le vendeur est tenu de rembourser le produit non dégradé et les frais d'une livraison normale, dans les 14 jours après réception.

À condition que cela soit clairement signalé au consommateur au moment de son achat, certains produits ou prestations de service ne sont pas soumis au droit de rétractation et ne peuvent être remboursés. C'est le cas des biens confectionnés spécialement pour le consommateur (du sur-mesure par exemple) ; de produits ne pouvant pas être par nature réexpédiés, des produits périssables (alimentaires par exemple), des cassettes vidéo, CD et autres DVD s'ils ont été ouverts par le consommateur, de la presse (journaux, périodiques ou magazines), et des prestations de services, d'hébergement, de transport, de restauration ou de loisirs.

Attention : il existe en magasin un biais sur la rétractation. Tout va dépendre de la raison sociale qui est derrière la vente, et détient le produit en réserve.

Prenons l'exemple de Darty. Si la commande en magasin se fait par l'interface de la société digitale, Darty.com, alors, c'est de la vente à distance, et les règles de rétractation du commerce en ligne doivent être respectées.

Si, au contraire, la commande en magasin se fait par l'interface de l'enseigne (qui n'est pas sa société digitale), et que c'est le stock du magasin Nation, à Paris, par exemple, qui est impacté par la vente, ce n'est plus de la vente en ligne : les règles de rétractation seront différentes.

À noter, qu'il n'y a, à ce jour, pas encore de jurisprudence à ce niveau, et que ce distinguo est susceptible d'évoluer dans le temps.

Dans tous les cas, l'e-commerçant[1] est tenu de reprendre un article en cas de livraison non conforme à la commande ou de livraison défectueuse. Le consommateur doit alors réexpédier le produit dans son emballage d'origine, en indiquant le motif de refus sur le bon de livraison ou la facture.

---

1. Article L. 121-20 du Code de la consommation.

Les frais étant à la charge du vendeur, le client lésé peut exiger une nou-velle livraison respectant la commande, la réparation du produit défec-tueux, l'échange du produit par un autre similaire ou l'annulation de la commande (avec remboursement des sommes versées, et éventuellement une demande de dommages et intérêts en cas de préjudice subi).

FOCUS

LÉGALITÉ DE LA GÉOLOCALISATION
ET DE L'UTILISATION D'IMAGES DE TIERS

A-t-on le droit de géolocaliser le consommateur sans son accord (sur un parking de centre commercial par exemple) ?

Le marketing ciblé qui utilise la géolocalisation n'est pas interdit en France. Il faut cependant que les personnes souscrivant à des services géolocalisés aient conscience de la possible réutilisation des données de géolocalisation à d'autres fins. Il faut aussi qu'ils aient la possibilité de s'y opposer (opt-in/opt-out).

Cela passe, une nouvelle fois, par une information client claire, notamment au niveau des conditions générales d'utilisation.

De fait, un outil de géolocalisation utilisé à l'insu du consommateur est interdit en France.

Que doit faire le distributeur pour s'assurer de la conformité de l'utili-sation des images d'un tiers en magasin (par exemple : miroir connecté aux réseaux sociaux en cabine) ?

Selon l'article 9 du Code civil, l'utilisation de l'image d'un tiers nécessite que celui-ci ait donné son accord préalable. Le distributeur qui a mis l'application à disposi-tion de l'utilisateur (ici le miroir connecté) doit l'avoir préalablement informé, par le biais de conditions générales d'utilisation, quant au fait que son image sera utilisée dans un cadre très précis.

Une décharge peut aussi être demandée en fonction de l'usage par l'enseigne de ce contenu (pour éviter toute violation du droit à l'image).

La nécessaire renégociation des baux commerciaux

La digitalisation du magasin peut engendrer une redéfinition des concepts commerciaux, avec notamment la réduction des surfaces de vente.

Il peut en résulter d'éventuelles résiliations anticipées de baux (pour acquisition par la suite de nouvelles surfaces, ou pour des relocalisations), ou des réallocations de surfaces existantes. Les réallocations de surface sont décidées par le directeur de magasin et le directeur du réseau. Elles n'auront qu'un impact faible sur la gestion quotidienne du magasin. À l'inverse des résiliations anticipées de baux.

BOÎTE À OUTILS

IDENTIFICATION DES BAUX À RÉSILIER

La méthodologie induit d'abord de définir les éléments du parc commercial les moins rentables, ce qui passe par :

- la collecte des indicateurs clés par magasin (chiffre d'affaires, marge, loyers, charges locatives, masse salariale, fréquentation...) ;
- l'analyse de ces données ;
- l'exploration des différentes options possibles : résiliations de baux, réallocations/réductions de surface, relocalisation éventuelle des magasins, acquisition de nouvelles surfaces ;
- le choix d'une option par zone de chalandise concernée ;
- l'exécution de la décision en magasin.

Dans le cadre de la résolution anticipée des baux, un certain nombre d'actions sont à mener.

1. Préalable :

a. réduction des coûts du magasin (fonctionnement, exploitation, RH...) ;

b. obtention d'une autorisation préfectorale de fermeture/cession.

2. Gestion de la cession des baux :

a. recherche et négociations avec les repreneurs, et relations avec les bailleurs ;

b. information du comité central d'entreprise pour les enseignes nationales ;

c. informations du CE et CHSCT de chaque magasin en lien avec les directeurs de magasin, ou à défaut des délégués du personnel ;

d. identification et mise en place des plans de formation et d'accompagnement d'un PSE comprenant deux volets : un pour les salariés souhaitant la mobilité interne (lorsque la situation de l'entreprise le permet), et un autre pour les salariés s'orientant vers une mobilité externe.

3. Mise en place des opérations de liquidation avant les cessions/fermetures des points de vente

---

Modalités de résiliation du bail et du fonds de commerce

Le bail commercial est un contrat qui, par essence, s'inscrit dans la durée : «La durée du contrat de location ne peut être inférieure à neuf ans[1].» Il existe toutefois des baux de courte durée dits «baux précaires», de moins de 24 mois.

La durée du bail a pour objet de protéger le locataire, et c'est la raison pour laquelle il dispose de plus de prérogatives pour la résiliation du bail que le bailleur.

L'article L. 145-4 al.2 du Code de commerce dispose qu'«à défaut de convention contraire, le preneur a la faculté de donner congé à l'expiration d'une période triennale, dans les formes et délai de l'article L. 145-9 c.com». Il s'agit là de l'origine de la dénomination usuelle «bail 3/6/9».

Le bailleur, lui, est tenu de respecter strictement la durée de 9 années, sauf évidemment en cas de manquement grave du locataire pendant la durée du bail.

En cours de bail, le locataire pourra – en fonction des modalités indiquées dans le contrat – résilier le contrat à l'expiration de chaque période triennale. Pour cela, il devra délivrer congé au bailleur par acte d'huissier, en respectant un préavis de 6 mois. S'il ne respecte pas ce délai, il devra attendre la prochaine échéance triennale.

Néanmoins, le bailleur peut demander au locataire de renoncer à ce droit lors de la signature du bail. Cette renonciation n'est pas de principe, mais peut tout de même figurer dans certains baux notamment lorsque le bailleur a réalisé ou subventionné des travaux spécifiques.

---

1. L. 145-4 du Code de commerce.

Si le bail s'est poursuivi au-delà des 9 ans sans que les parties n'aient adressé de congé, il sera en situation de tacite prolongation.

Pendant cette période le bail pourra prendre fin à tout moment en cas de congé donné à l'initiative du locataire ou du bailleur avec un préavis de 6 mois et pour le dernier jour du trimestre civil. Par exemple, si le préavis est donné le 8 avril, il prendra effet le 31 décembre, soit après 6 mois (du 8 avril au 8 octobre) auxquels s'ajoute le délai pour atteindre la fin du trimestre civil.

Le bailleur qui donne congé au locataire devra lui verser une indemnité d'éviction qui peut en certains cas s'avérer très élevée, c'est ce que l'on appelle en pratique « le droit au renouvellement ».

Cession du bail et cession du fonds de commerce

En cours de bail, le locataire a la faculté de céder ses droits. Il pourra, en fonction de la destination de ce dernier, soit céder le fonds de commerce dans son intégralité – le bail commercial représentant un des éléments de ce fonds –, soit céder le droit au bail. Ce droit au bail permettant au repreneur de reprendre aux mêmes clauses et aux mêmes conditions le bail conclu entre le précédent occupant et le propriétaire du local pour la durée restant à courir, celui-ci bénéficiant en outre de la propriété commerciale.

La valeur du droit au bail est calculée en principe sur l'écart entre la valeur de marché des lieux loués et le loyer du bail, mais en pratique, bien souvent, ce sera l'emplacement, le chiffre d'affaires et la rentabilité dégagée qui détermineront la potentialité du point de vente.

Dans tous les cas, bien que des indicateurs existent, c'est bien la loi de l'offre et la demande qui s'appliquera.

La faculté de céder le bail avec le fonds de commerce est d'ordre public, l'article L. 145-16 du Code de commerce déclarant nulles les clauses interdisant la cession ou soumettant celles-ci à l'agrément du bailleur.

Concernant la cession isolée du droit au bail, le contrat pourra prévoir que la cession soit soumise à l'agrément du bailleur. Dans la pratique, la quasi-totalité des baux soumettent la cession à autorisation. Cet agrément pourra passer par une augmentation du loyer pour le repreneur et, en cas de changement d'activité, par un droit d'entrée. Il convient à ce moment de bien préciser les conditions de ces opérations.

Il y a aussi possibilité de céder le fonds de commerce. Le fonds de commerce est constitué d'éléments corporels et incorporels, et parmi les éléments incorporels figurent le droit au bail, le nom commercial, les salariés et aussi la clientèle.

Il convient par ailleurs de rappeler que la destination des lieux prévue dans le bail revêtira une importance toute particulière dans le cadre de la cession du droit au bail car, à l'exception des baux «tous commerces», très rares, le bail précise généralement quelle est l'activité commerciale qui doit être exercée dans les lieux de manière exclusive, ou alors il prévoit des interdictions (restaurations, débit de boisson, etc.).

À cet égard, en cas de changement d'activité, il sera important de vérifier que le règlement de copropriété ne comporte pas de clauses limitant l'exercice des activités commerciales ou industrielles dans les locaux.

Points de vigilance opérationnels

Au moment de la négociation du bail, les rapports avec le bailleur sont souvent tendus.

Celui-ci refuse fréquemment de rencontrer le locataire. Il faut alors faire appel à un huissier pour constater le refus d'une demande de rendez-vous et faire bouger les lignes.

Et, quand le rendez-vous a lieu, le rapport de force est souvent corrélé aux nombres de points de vente loués : plus l'enseigne loue des emplacements au bailleur, plus celui-ci est ouvert à la négociation (par peur de perdre un client important).

Enfin, sur la négociation proprement dite, les débats vont se focaliser sur les comptes d'exploitation des différents magasins concernés par une éventuelle fermeture. Il faudra faire comprendre au bailleur que le maintien du point de vente X est une opération économiquement non acceptable, pouvant avoir des incidences sur l'ensemble du réseau par effet collatéral.

Charge alors au locataire de proposer des solutions alternatives, pour trouver un accord gagnant-gagnant :

• garder le magasin, mais en réduire la surface louée ;
• garder le magasin en l'état, mais en réduire le prix de location ;
• proposer une relocalisation : fermeture d'un magasin à un point P contre l'ouverture d'un nouveau magasin à un point O ;

- limiter le nombre de suppressions des points de vente contre une baisse globale des loyers sur tout le parc ;
- compenser les bénéfices enregistrés par une augmentation des garanties ou par une prolongation du bail initial.

Si l'accord n'est pas trouvé, les avocats des deux parties devront trouver des solutions.

Conclusion

Dans un environnement de plus en plus complexe, en évolution rapide, l'innovation des modèles économiques est essentielle à la réussite de l'entreprise. Pourtant, peu de décideurs savent quand opérer le changement, et – plus important – comment l'exécuter. IBM, dans une récente étude, a déterminé quels étaient les meilleurs moments et les meilleures méthodes pour innover. Pour Big Blue, il convient :

- de déterminer le moment le plus propice au changement de l'organisation en fonction de l'environnement économique ;
- de se positionner face à l'évolution concurrentielle ;
- de considérer la vitesse d'innovation demandée par le consommateur tant en termes de produits que de services ;
- et, *last but not least*, d'avoir les moyens financiers de sa transformation.

En 2014, les prévisions de croissance ne sont certes pas mirifiques pour la France, mais elles restent tout de même positives : +0,9 % de croissance sur l'année, +1,5 % en 2015[1].

En 2014, un certain nombre de retailers français ont déjà franchi un premier pas et initié la transformation digitale. Pêle-mêle et de façon non exhaustive : Renault, BNP, BPCE, Intermarché, Leclerc, Casino, Sephora, Chanel, Yves Rocher, Fnac, Darty, PFG, The Kase, BUT... C'est notable !

En 2014, le consommateur sera toujours plus digitalisé : le marché français comptera 7,5 millions de nouvelles tablettes par rapport à 2013, soit 72 % de plus en un an[2].

Il n'y a donc – à part un éventuel frein financier, propre à la situation de chaque entreprise – pas lieu de différer l'investissement dans le commerce connecté. Encore faut-il lever le frein de la transformation opérationnelle.

Pour s'assurer de cette réussite, trois bonnes pratiques sont à envisager.

D'abord, l'alignement de l'organisation. Créer un business model cohérent et créateur de valeur pour l'ensemble de l'entreprise.

---

1. Source : FMI.
2. Source : Gfk.

Ensuite, l'analyse des atouts de l'entreprise. Utiliser toute l'information disponible pour créer un modèle spécifique.

Enfin, l'adaptabilité du modèle. L'apprentissage du modèle gagnant sera incrémental, il faut donc se laisser le droit à l'erreur et prioriser ses actions de transformation.

C'est un fait. En termes de digitalisation du point de vente, le modèle gagnant n'est pas encore trouvé.

On sait que la multiplication des canaux engendre automatiquement la multiplication des coûts :

- coûts de lancement des nouveaux canaux ;
- coûts logistiques ;
- coûts de formation ;
- coûts d'intégration des systèmes d'information ;
- coûts de gestion de la relation client et des retours ;
- coûts de communication et marketing pour faire vivre la nouveauté ;
- coûts de refonte du point de vente ;
- surcoûts éventuels dus à la cannibalisation des offres d'un même groupe, etc.

On sait aussi que le bénéfice rencontré pour l'enseigne est, outre la valorisation de la marque, la conservation de parts de marché, le gain en termes de couverture clients, de fidélisation et de fréquence d'achat, une augmentation de l'up-sell et du cross-sell. Bref, on sait que l'évolution du modèle de distribution traditionnel vers la distribution connectée peut engendrer la croissance du chiffre d'affaires et, si les choses sont bien faites, la croissance du résultat net.

En 2014, avoir un réseau physique et une marque identifiée représente un atout indéniable. Indéniable, mais insuffisant. Le temps altère l'attraction de la marque. Sauf à s'adapter, sauf à coller aux attentes des consommateurs, la marque peut péricliter. Les marques/les enseignes établies doivent donc envisager cet éventuel déclin et réagir, se réinventer.

Aujourd'hui, Internet amène à repenser le lieu de vente vers des magasins plus petits, toujours plus serviciels et informatifs, toujours plus en centre-ville, évidemment toujours plus connectés, et dessine de nouvelles tendances de présentation des produits vers plus d'interactivité, plus d'expériences.

Demain, avec les imprimantes 3D qui permettront de créer de chez soi un objet et de matérialiser seul ses idées sans avoir à passer par l'expertise d'une marque ; et, demain, quand nos objets seront connectés et qu'ils seront préprogrammés pour déclencher automatiquement le réachat, y aura-t-il encore un besoin d'aller en magasin ?

Le jour où, sur son smartphone, un module permettra de configurer le pull de son choix et de se le faire livrer à domicile en moins de 96 heures, le jour où son frigo identifiera les victuailles manquantes et qu'il sera configuré pour opérer une commande automatique qui déclenchera une livraison aux heures imparties, à quoi ressemblera le magasin ?

Aujourd'hui, le point de vente traditionnel doit s'adapter au show-rooming, doit proposer du click and collect ainsi que de nouveaux services (plus d'offres, plus de suivi, de nouveaux points de contacts et plus d'animation). Il doit remettre l'expérience au cœur de la vente. De la vie, de l'humain. De la différence en magasin.

Aujourd'hui, les retailers traditionnels doivent acquérir l'agilité technologique, logistique, commerciale et marketing de leurs concurrents digitaux car les défis de demain sont encore plus susceptibles de rebattre les cartes.

C'est maintenant que cette transformation doit avoir lieu. Elle est digitale, mais elle est aussi fondamentalement marketing. Parce que le digital induit une transformation du mix dans son ensemble. C'est maintenant que ça se joue : plus tard pourrait bien être trop tard.

Ce qu'il faut retenir
Top 10

1. La digitalisation du magasin engage une transformation profonde de l'enseigne.
2. Il n'y a plus un parcours client, mais des parcours clients en magasin.
3. Il n'y a plus une offre, mais des offres, guidées d'une part par la data, de l'autre par des politiques commerciales tactiques.
4. La maîtrise de la logistique est un axe de différenciation majeur.
5. Le back-office doit faciliter un pilotage fin du réapprovisionnement et une meilleure structuration de l'offre.
6. Le dimensionnement informatique du magasin doit prendre en compte l'usage digital du client et anticiper que ceux-ci ne pourront que croître dans le temps.
7. Le vendeur, l'humain, redevient un élément essentiel de la vente.
8. Les règles de droit qui régissent le magasin connecté sont aujourd'hui encore sujettes à caution.
9. La digitalisation engendre des réallocations d'espace en magasin, des relocalisations ou des fermetures de certaines unités en fonction de la zone de chalandise.
10. Ne pas substituer l'outil à la politique commerciale.

Lexique

Big Data: ensemble des technologies qui permettent d'analyser en temps réel une masse considérable de données, pour cerner plus finement les comportements et attentes des consommateurs.

Brand content: contenu éditorial créé par une marque. La marque joue un rôle d'éditeur, elle finance et fabrique un contenu original pour adresser de manière impactante ses consommateurs.

CRM: «Customer Relationship Management» ou «gestion de la relation client». Le CRM regroupe l'ensemble des dispositifs ou opérations de marketing ayant pour but d'optimiser la qualité de la relation client, de fidéliser et de maximiser le chiffre d'affaires ou la marge par client.

Crosscanal: processus de vente utilisant plusieurs points de contact en relation les uns avec les autres.

Digital in store: regroupe l'ensemble des dispositifs digitaux pouvant être utilisés en point de vente pour enrichir l'expérience client et augmenter les ventes.

Flagship: grande surface dédiée à une marque et proposant une gamme très large de ses produits. Ce magasin se veut la vitrine de la marque; il matérialise sa mission, son image, ses valeurs.

Géolocalisation: procédé technique par lequel il est possible de localiser géographiquement les destinataires d'un message marketing, notamment sur leur téléphone portable.

Merchandising: regroupe l'ensemble des techniques ayant trait à l'allocation des surfaces d'exposition des produits dans les points de vente et à leur présentation.

Mobinaute: individu qui accède à des contenus Internet ou à des applications depuis son mobile ou sa tablette.

Near Field Communication (NFC): technologie de communication sans fil par radio fréquence qui permet l'échange de données entre un lecteur et une cible NFC sur une distance de quelques centimètres grâce à des puces spécifiques insérées côté émetteurs.

Online to Offline: qualifie les procédés marketing utilisés afin de trouver des consommateurs sur Internet et les attirer en boutique.

Omnicanal: capacité à servir le client de manière fluide, cohérente et continue, quel que soit le canal d'achat ou de relations.

PLV (publicité sur lieu de vente): technique de communication directe à l'attention du consommateur sur le lieu de vente du produit.

Pure player: l'expression est utilisée pour désigner une entreprise dont l'activité est exclusivement menée sur l'Internet.

QR code: Quick Response Code ou code-barres 2D. Le QR code est un tag lisible par les téléphones portables. La lecture d'un QR code permet d'accéder directement à une page web ou à des informations complémentaires, des contenus audio ou vidéo, de participer à un jeu-concours ou même de réaliser un achat à partir de son téléphone mobile.

Radio Frequency Identification (RFID): méthode pour mémoriser et récupérer des données à distance en utilisant des marqueurs appelés «radioétiquettes».

Réseau de distribution: ensemble des intermédiaires de la distribution — grossistes ou détaillants — permettant la commercialisation d'un bien.

ROPO : Research Online, Purchase Offline. Ce sont des actes d'achat qui s'initient sur Internet et se finalisent dans un magasin physique.

Show-rooming: aller en magasin pour découvrir le produit et se renseigner puis s'offrir le produit au meilleur prix, en général sur Internet.

Storytelling: littéralement le fait de raconter une histoire. Le storytelling consiste à utiliser une histoire plutôt qu'à mettre classiquement en avant des arguments marque ou produit. La technique du storytelling doit normalement permettre de capter l'attention et susciter l'émotion. Elle peut également être utilisée pour élever la marque à un rang de mythe.

Tracking: analyse dynamique de la communication publicitaire d'une marque et de son incidence sur l'attitude et sur le comportement des consommateurs à son sujet.

Web-to-store: désigne le comportement d'achat par lequel le consommateur effectue une recherche d'informations sur Internet avant d'aller effectuer son achat en point de vente. La recherche peut porter sur le produit ou directement sur la localisation du point de vente le plus proche.

Acteurs référents

Commerce digital
- IBM
- Oracle
- Hybris
- DigitasLBi

CRM
- Unica
- Exact Target
- Neolane

Géolocalisation
- Insiteo
- Polestar
- Closycom

Reporting et analytics
- Google
- Omniture
- Webtrends

Base de données
- Oracle
- Mysql
- MongoDB

Management du contenu
- Oracle Fatwire
- SDL Tridion
- Adobe CQ5
- Sitecore

Management de la commande
- GSI
- Mirakl
- Oracle

Hébergement
- Orange Business services

- Amazon services
- Linkbynet
- BT

Bornes interactives
- Acrelec
- Improveeze
- Adactive
- Apia
- Instore solutions

Logiciels bornes
- Keyneosoft
- Tiki labs
- Cliris
- Intuilab

Fidélité mobile
- Fidme
- Shopmium
- Shopkick
- Le Pass Ventes Privées
- Fidzup
- M payment
- Google Wallet
- PayPal
- Ingenico
- ZooZ
- AmazonPayments

Géolocalisation
- Plyce
- Dismoiou
- Yelp
- SoCloz

Pour aller plus loin

Bibliographie

BARBA Catherine, *Le magasin n'est pas mort*, Fevad, Banque populaire, 2013.

BARBA Catherine, *2020, la fin du e-commerce*, Fevad, 2011.

CRÉDOC, « Le profil des acheteurs en ligne et à distance », 2012.

CRÉDOC, « La diffusion des technologies de l'information et de la communication dans la société française », 2012.

FEVAD, *Chiffres clés*, 2013.

IBM Institute for Business Value - Seizing the advantage.

Insee, *Le Commerce en 2012*, 2013.

KPMG, « The evolution of retailing : reinventing the customer experience », 2012.

McKinsey pour une conférence Fevad, « Réinventer le parcours client cross-canal », 2013.

PWC, « Retailing 2020 : winning in a polarized world », 2013.

Observatoire Cetelem, « Le consommateur européen en mode alternatif », 2013.

« Web to store : enjeux et opportunités pour le commerce physique à l'ère du digital », Mappy, Novedia, BVA, 2013.

SERRES Alexandre, « Histoire et théories des systèmes médiatiques », URFIST Rennes, 2011.

Webographie

News

Techcrunch   www.techcrunch.com
Journal du Net   www.journaldunet.com
Stratégies   www.strategies.fr

Mashable	www.mashable.com
Accessoweb	www.accessoweb.com
ZDnet	www.zdnet.Fr
Cnet	www.cnet.com

Analyse

IFOP	www.ifop.fr
IPSOS	www.ipsos.fr
Hitwise	www.hitwise.com
Comscore	www.comscore.com
Nielsen	www.nielsen.com
Pew research	www.pewinternet.com
Forrester	www.forrester.com
Flurry Analytics	www.flurry.com
Mediametrie	www.mediametrie.fr
Google	http://googleblog.blogspot.fr/

Webmarketing

Fred Cavazza	www.fredcavazza.net
Gregory Pouy	www.gregorypouy.fr
Frenchweb	www.frenchweb.fr
Adage	www.adage.com
Vanksen	www.vanksen.fr
Wired	www.wired.com
Emarketing	www.emarketing.fr

Retail

Businessweek	www.businessweek.com
Fortune	www.fortune.com
The Guardian	www.theguardian.com

LSA	www.lsa-conso.fr
National Retail Fed.	www.nrf.com
FEVAD	www.fevad.fr

et de nombreux sites de retailers : Lowe's, Walmart, K-mart, Bestbuy, Tesco, Whole Foods, Walgreens, Uniqlo, Burberry, Verizon, Argos,...

Index

Table des encarts

Focus et Retour vers le futur

Cas

Boîtes à outils

Table des matières

www.ingramcontent.com/pod-product-compliance
Lightning Source LLC
Chambersburg PA
CBHW061221220326
41599CB00025B/4717